原　広司著

集落への旅

岩波新書

374

目　次

目　次

はじめに――集落に世界を見る

集落調査の意味

いまでは、海外の集落調査を多くの人々が手がけるようになったが、一九七〇年代の初めでは、建築の分野から僻地に集落を訪れることはまだめずらしかった。最初の旅は、まったく様子がわからず、できるだけ数多くの集落を見てみようといった軽い気分ででかけた。この旅で、アトラス山中のベルベル人の集落や、サハラ砂漠の縁にあるガルダイヤなどの小都市を訪れて、それらの建築的な素晴らしさに圧倒され、これまで五回の調査の旅をすることになった。本書は、その五回の旅の紀行文である。

私たちが自動車で集落を探しまわった経路を、世界地図にプロットしてみると、きわめて限られた領域をカバーするにとどまるので、あらためて、世界は広いと思わずにはいられない。その意味では、この本は世界に散在する集落についての事典のようなはたらきをするわけでもないし、旅行のガイドブックにもなりえない。では、本書はどのような意味をもつのであろうか。そうした問いに答えるかたちで、本書がとりあげようとした問題点のいくつかを記してみよう。

僻地の生活

第一に、日本に住む私たちは、かりにいなかに住んでいるとしても、近代化された文明のなかで生活しており、いってみれば都市に住んでいるようなものである。だから、世界全域にわたって、人々は私たち日本人と同じような生活をしていると錯覚しがちである。ところが、現実はそうではない。多くの人々は、近代化の外にあって、昔ながらの自然と一体化した生活をしている。世界の大都市が、それぞれに特色はあるものの相互に類似した性格をもつのに対して、世界の僻地では、実に多様な生活環境とそれに応じた生活がある。少なくとも外見では、彼らは、素朴な生活をしている。私たちは、近代化された都市生活と、近代化の外にある僻地の生活という対比からなる世界の構図を忘れてはならないだろう。さらに、この構図を少し詳しく見れば、都市を除いた世界の大部分には、地域に根ざした生活が多様に織りなされ、展開されている。この様相は、将来もしばらくは続くと思われる。

今日、いろいろな面で、国際化が叫ばれているが、世界を語るときには、常にこのような構図を前提にしておく必要があると思われる。本書が、そうした理解の手がかりになれば幸いである。

文化の理解

第二に、文化についての理解である。建築の歴史と文化といえば、壮大な建築、例えば、神殿、王宮、寺院等々が中心となって語られる。また、そうした歴史を飾る建築をつくった建築家たちの偉大さが語りつがれる。古典となりうるこうした建築や巨匠たちと対比的に、名も知られぬ集落があり、これらをつくった無名の人々がいる。集落や無名の人々は、古典的建築や巨匠たちに劣るのだろうか。

決してそうではない。たしかに、パルテノンは素晴らしい。けれども、パルテノンと同じように輝かしい集落や小都市に、世界各地であなたは出会い、深い感動に打たれるだろう。しかも、そうした見事な集落には、現に人々が生活しているのである。つまり、集落という芸術は、文字通り生きているのだ。

建築に限らず文化一般には、時代や様式の枠となりうる古典的、支配的な層と、権威も与えられず、それが文化であるという自覚もないところでつくられる大衆的な層とのふたつの層がある。建築にあっては、単純化すればこの二層構造は、古典建築と集落というかたちになる。建築の分野からすれば、歴史の豊富化、書き直しという課題があり、そうした視野をたずさえた若い歴史家が今日日本でも次々と現われてきている。

より一般的な観点からすれば、私たちが現在住んでいる場所が、文化そのものなのだということを再認識するべきであろう。文化会館や美術館だけが、文化の象徴であるのではなく、住んでいる環境をつくることそのものが芸術の表現となりうるのである。今日、ようやく、各地において町づくり、景観の整備等々が叫ばれるようになってきたが、その背後には、もう一度集落を見直してみるという気運がある。特に、日本ははげしい近代化によって、文化遺産としての集落を失った。私たちが気づくのが遅すぎたのである。しかし、これからでも保存は重要であるし、新しい町づくりはより重要な課題である。こうした課題のなかで、本書が提起した集落の見方、集落についての考え方があるいは参考になるかもしれない。この紀行文から、集落に接した感動や驚きが人々に伝えられたらと願っている。

第三に、集落を見てゆくと、そこに自然が照らし出されているということである。集落では、人々は、好むと好まざるとにかかわらず、自然と一体化して生きてゆかざるをえない。集落は、建築と自然との和合の表現である。近代建築の考え方の根底には、建築をひとたび自然と切り離し、あらためて適当な環境条件をつくり出そうとする構えと自然観があった。この考え方は、ともすると自然軽視をまねき、自然破壊や公害をまきおこす惧れもある。近代建築は、こうした側面ばかりを強調したわけではないが、そこには反自然的な傾向が見られる。それに対して、集落はいかに自然が苛酷であろうと、親自然的な立場をとっている。それぞれの場所に秘められた自然の潜在力を最大限にひきだすという立場である。

建築と自然との和合

建築や都市を考える場合、当然ながら、最も基本となるのは私たち自身が自然のひとつの存在形態であるということだ。この意味からすれば、いかなる建築観、都市観であっても、親自然的でないはずがない。しかし、私が身体として保持しているところの自然は、時としてエゴイスティックになる。集落にも、さまざまな自然をめぐるドラマがあったろう。けれども、集落には、自然の力をいかに分けあって享受するかという共同体の生き方が事物によって表現されている。もちろん、かつては、また現在でも集落は強い支配の下にある場合が多く、集落は決してユートピアではない。でも、集団を組み、自然のなかで巧妙に生き抜いてゆかねばならない場所が集落なのである。このとき、自然は社会化されて現われてくる。このような自然の現われ方の認識が、今日においては、ともすれば欠落しがちである。

集落は古くて新しい

第四に、集落は古くて新しい、という見方である。たしかに、集落は現代的な都市と較べれば古いし、過去の遺産であろう。しかし、現代都市が失ってしまった優れた数々の特色を見出すことができると同時に、今日の町づくりや都市計画、あるいは建築のデザインにとってきわめて示唆的である。特に、「地域」「場所」といった概念が重視されてきている今日では、集落は未来を指し示しているともいえるのである。とすれば、郷愁をもって集落を語るのではなく、未来に向けて集落を新たに解釈することが大切であろう。

どのように集落を解釈すれば、今日において有意義なのであろうか。これが、集落への旅の課題である。

地域性と伝統

第五に、集落を見てゆくと、地域性や伝統が浮かびあがってくる。しかし、集落について、地域性や伝統にこだわりすぎたナショナリズムの視点から解釈を下すと大きな過ちを招くことになる。これは、集落への旅のひとつの結論であるが、世界の集落は、文化のインターナショナリズム的視点によってのみ、正しく解釈されるのである。

私たちは日本の特性であるとか、日本固有のものであるといった表現をする。同様に他の地域の文化を指して、アフリカ的である、インド的である、と言ったりする。しかし、集落に関する限り、そうした地域の指定は広すぎる。集落は、建築的に見る限り、もっと局所的な条件のうえに成立している現象である。日本的な集落としてある例を示したとしても、それに類似した集落の例を世界のあちこちから探してくることができるだろう。任意のふたつの集落は、「ある点では異なっているがある点では類似している」というかたちで説明される現象なのである。しかも、面白いことに、局所的な現象であるために、遠く離れたふたつの集落のあいだに強い類似性が見られもする。

次のようなこともいえる。今日、住居を設計するにあたって、日本の伝統的な集落にみられる民家に学ぶところが多いのは当然であるが、高い人口密度の日本の現代都市住居を設計するにあたっては、たとえばアフリカやイランの砂漠の都市住居から学ぶ点も多い。というのは、砂漠の都市住居は密集して住んできた長い歴史を背景にしているからである。少なくとも、過密状態における住居形態という意味では、砂漠の住居の方が、日本の伝統的な住居より参考になる。となると、起源からすれば、たしかに、アラブの伝統であり、ペルシャの伝統かもしれないが、砂漠の住居形態は、私たちにとっての伝統でもあるのだ。

実際、各地で集落をつくってきた人々は、遠く離れた地で起こった出来事も知らずに、いわば「閉じた世界」で生きてきた。しかし、今日、気づいてみれば、世界のあちこちで同じような考え方をしていた人々がおり、もし類似性のネットワークを世界中の集落のあいだにはりめぐらせば、全ての集落は複雑な網でつながっていて、この網から欠け落ちるような孤立した集落はひとつとしてない。こうした解釈が、インターナショナリズムの視点の意味である。

調査の内容

さて、集落について語れそうな理念的な部分を書きとめたが、本書における集落の見方と、それのもつ限界について触れておきたい。私たちは、東京大学生産技術研究所原研究室としてその都度集落調査のグループを組み、自動車で面白そうな集落を探して歩いた。どのような角度から集落を見たかといえば、建築という分野から見たわけで、文化人類学、社会学、民族学、地理学等々のさまざまな把え方のうちのひとつの見方にすぎない。しかも、建築的な見方といっても、いろいろな見方がありうる。建築史の学者が見れば、本書とはまったく異なった視座となろう。また、私たちは、ほんの一瞬その集落を「通り過ぎる者」の眼でかいまみたにすぎないのである。

私たちは、調査ごとに、レポートを出版してきた(東京大学生産技術研究所原研究室『住居集合論1〜5』鹿島出版会)。調査の内容は、直接にはこの本に関係しないが、要点を書きとめておきたい。私たちは、集落の形態、集落の形式といった点に関心がある。集落をかたちづくっている建築には、住居とその他の建物という二種類がある。その他の建物は、集落によっていろいろに変る。城、教会、モスク、キャラバンサライ等々である。もちろん住居も集落ごとに変るのであるが、多くの場合、ひとつの集落には、限られた数の主要な住居形式がある。例外はいくらでもあるが、おおまかに言えば、ひとつの集落には、ひとつの住居形式がある。その住居形式を正しく指摘することは難かしい。が、標準的な事例をあげることはできる。私たちは、そうした事例を特に間取りのうえから調べるのである。集落を構成するそれぞれの住居は、標準的な事例が暗示しているところの住居形式のヴァリエーションなのである。

次に、こうした住居の集合が、その他の建築物と相関しながら、どのように配置されているかを調べる。つまり、住居の配列規則を読みとろうとするわけである。ところが、公共的な建築との関係だけでは配列規則がとらえられない場合がある。自然条件、たとえば地形は住居の配列法を決定するうえで、重要なはたらきをもつ。実際には、集落によって事情が異なり、一般的に配列規則を記述することはたいへん難かしい。

住居の形式と住居の集合の配列から、集落形態ないしは集落形式をとらえようとする私たちの見方は、「通り過ぎる者」の眼とあわせて考えると、集落風景の解読といった傾向をもつ。住居の内容を調べてはいるが、どちらかといえば、集落の外側の姿の言及にとどまっている。

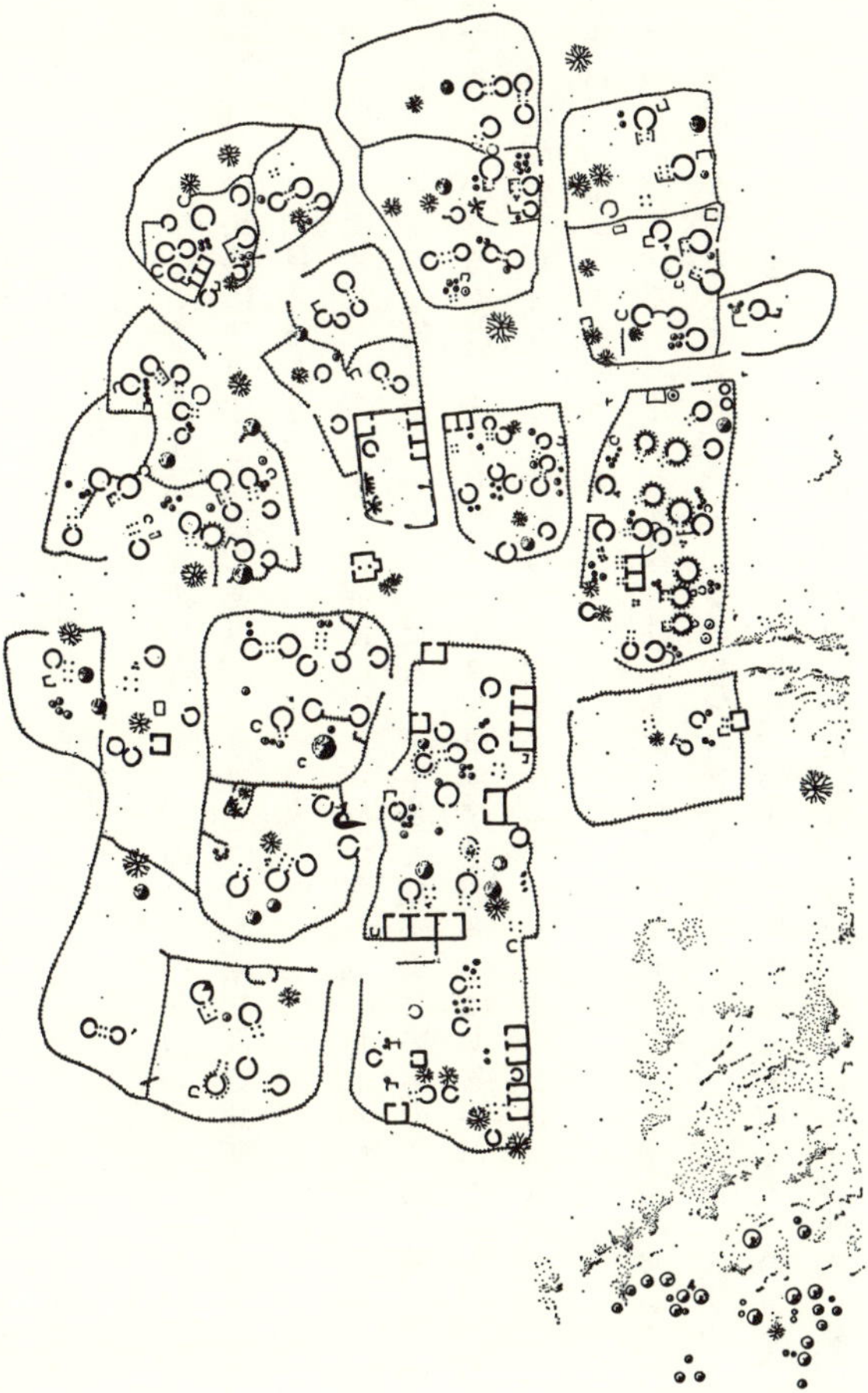

図1　アフリカのサバンナの集落配置図

さらに個人的な見解をつけ加えると、私は研究者というより、設計者の眼で集落をとらえようとしている。私たちが旅した範囲が限られているということ以外に、私たちの見方には、以上のような限界がある。

集落の個別論

さて、こうした集落の見方のなかでも、ふたつの見方がある。そのひとつは、個々の集落に注目する見方であり、もうひとつは集落相互を比較しながら同時に見るという見方である。

個々の集落に注目してみると、世界には実に巧妙に組み立てられた面白い集落がある。個性あふれるユニークな集落といってよいだろう。集落の旅が楽しいものであり続けてゆきたいと胸をとどろかせるのは、そうしたユニークな集落が世界各地にあるからである。「集落への旅」といった紀行文がなりたつとすれば、私たちの住み方からおよそかけはなれた住み方をしている集落があるからであろう。

この本に登場するユニークな集落をあらかじめ紹介しておこう。まず第I章では、「クエバスの集落」がある。これは、スペインの横穴住居(クエバス)の集落である。穴居生活といえば、昔の住み方だと思うとまちがいである。横穴、竪穴の住居に住んでいる人々の数は、現在でも決して少なくない。この本では説明されていないが、リビアや中国には興味深い竪穴住居の集落がある。こうした穴居生活は、風土に適合していて、なかなか合理的なのである。

つづいてアトラス山中に点在するベルベル人の集落がある。これは、私たちが耳にする「カスバ」のもとになる集落である。カスバというのは、カサブランカとかラバトといったロマン的な響きをもつ都市の一画をさすが、こうした旧い都市の一般名称は「メディナ」である。地中海周辺の数々のメディナは、白壁と迷路状の道で知られる。メディナのもっとも神秘的な例として、「ムザッブの谷」がある。北アフリカに旅する機会のある人々には、是非ムザッブの谷を訪れることをおすすめしたい。ムザッブの谷へゆくと、サハラ砂漠の雰囲気が感じられるし、幻想という言葉の意味がおわかりいただけると思う。

第Ⅱ章の中南米では、なんといってもチチカカ湖の「浮島の集落」である。チチカカ湖は、標高にしてほぼ四千メートルの高さにある。富士山(標高三七七六メートル)が最も高い地点である日本人にとっては、四千メートルという高さそのものが驚きであるが、そこに大きな湖があり、さらには動く島があって、その上に人が住んでいるのである。

メキシコとグァテマラの国境近くにある「木柵《もくさく》の村」は、世界各地を歩きまわった人が最後に興味をもつような集落である。中南米の旅のハイライトは、なんといってもアステカ、マヤ、インカの数々の遺構である。これら未だ解明されざる文明の遺跡は、訪れる人々の感動をさそわずにはおかないが、たとえば木柵の村は、生きている古代の遺構だといえる。

第Ⅲ章では、まず「東欧の広場」である。家並み、町並みといえば、必ずひきあいにだされるのが、切妻屋根の壁面が立ちならぶ数々の東欧の町の広場である。これらの広場は、家並み、町並みの原典であるといえる。

「アドリア海の小都市群」は、岬の地形を活かした美しい景観を誇り、地中海では、ギリシャの島々の集落とならび輝いている。

特に、岬の地形を独創的に活かしたドブロヴニクは、「地中海の真珠」とよばれている。

イランのカビル砂漠およびルト砂漠周辺に点在する人工的につくられたオアシスを核とする集落群は、その計画の独自性、景観の素晴らしさからして、まさに「集落のなかの集落」といえるものである。人工オアシスの集落を知ることによって、建築的にみて優れた集落と呼ばれるためにはどんな条件をそなえていなくてはならないかが、わかってくる。

第Ⅳ章では、イラクのチグリス・ユーフラテス河下流域の「家族島の集落」が紹介される。これは、沼沢地に、ひとつの家族がひとつの人工的な小さな島をつくって住むという珍しい形式の集落で、まるで物語のなかの集落のようである。実際のところ、世界のなかできわだっている集落ともなると、強い虚構《フィクショナリティ》性をもっている。この集落形式は、そうした虚構性を考えるときの好例となっている。

インドの集落は、景観から語ることがむずかしい。見えない意味が隠されているからである。しかしインドを総体的に見ると、「混成系の集落」とでも名づけられるような特性がある。混成系という概念は、均質系あるいは単一系といった概念に対応している。通常の集落では、基本となる住居形式はおおむねひとつで、その形式のもとにさまざまなヴァリエーションがあるために、いろいろな住居が集まっているように見えるものなのである。それにたいして、インドの多くの集落では、宗教、カーストなどが混在しているため、複数の異なった住居形式がもととなって集落ができている。これが、混成系という言葉の意味で、見かけのうえでは、いかにも秩序がない集落のように見えるのである。

第V章では、一連の「サバンナの集落」があらわれる。アフリカのサバンナは、文化人類学の宝庫であると同様に、集落の宝庫でもある。この一群の集落からとりだしたいずれの集落でも、世界のユニークな集落としてリストアップされるだろう。それほど、個性的でありながら、同時に、この一群の集落は相互に類似点をもっている。つまり、この集落の集合は、差異と類似という見方からの分析にふさわしい対象になっており、そうした意味あいからすると、世界に分布する多数の集落相互の関係性を象徴する世界の集落の縮図になっている。

このように、旅をしながら私たちが俗称で呼ぶようになったユニークな集落を列挙することができるのであるが、ユニークでしかもきわだった集落であるといえる理由を次に考えてみたい。

ユニークな集落の条件

(1) 個性的な集落あるいは集落形式には、独特の「仕掛け」がある。この仕掛けは、その集落が、ある場所の自然に隠されている潜在力を誘起させるための建築的考案である。たとえば、「人工オアシス」とか、「家族島」といった大がかりな仕掛けが好例である。ただし、仕掛けは、大がかりなものだけではなく、小さな仕掛けといえども集落全体を個性的にする力がある。たとえば、木彫りの装飾や換気筒である。これら小さな仕掛けでも、おのおのの住居によって共有されると、全体的な景観の秩序が生まれる。優れた仕掛けは、単に自然の潜在力に対応しているだけでなく、それ自体が集落という社会を秩序づけている。

(2) 個性的な集落には、洗錬された独自の様相がある。ある地域には、同じ仕掛けをもつ集落が多数ある。そのなかできわだった集落になるためには、さまざまな部分をつくる手法が洗錬されていなくてはならない。集落は「自然発生的」につくられているという説明が一般にはなされるが、きわだった集落は手法が洗錬されているためむしろ「計画的」につくられている。その結果、集落全体が独自の風格やたたずまい、つまり洗錬された様相をもつことになる。先に挙げた集落では、住居などが繰り返し建て直されてゆく間に、次第に手法が洗練されてきて、独自の様相が生まれてきたといえる。

(3) 魅力ある集落には、〈多様なるものの統一〉がある。〈多様なるものの統一〉とは、さまざまな要素がありながら秩序づけられている状態である。単純な例をあげれば、ギリシャの島の集落は、さまざまな形が混在しているにもかかわらず白の色彩によって統一されている。現象的にみれば、集落を構成する住居の数々が、少しずつ異なっているが、互いに似ていることによって、〈多様なるものの統一〉が生まれる。しかし、この秩序の原因となるものは、さまざまである。ときに自然の地形そのものが、またときには土地使用上の地割りそのものが秩序の原因となる。秩序の原因が特異であればあるほど、集落は個性的になる。より一般的にいえば、この秩序の原因が形式と呼ばれる。

集落の比較論

次に、集落の個別論とは別な見方に触れておきたい。旅にあっては、いくつかの集落を同時に見渡す機会がある。また、そうした視点を私たちは探す。こうした、同時にいくつかの集落を眺めることが、比較論の出発点なのである。たとえば、アフリカのムザッブの谷では、モスクの塔を頂点とする幻想的な小都市を三つ同時に見渡すことができる。この風景は、素晴らしい自然景観を背後にする感動的なパノラマである。と同時に、視野のなかの三つの集落が、きわめて類似していて、同じ集落形式のものであることがわかる。

形式が異なったいくつかの集落を同時に見るといった経験は、そう多くない。例えば、アフリカのサバンナで、部族が微妙に入り組んでいる場所だとそうした風景に出会うこともある。しかし、旅の経路上に次々と現われる集落を眺めている状態は、異なった集落形式をほぼ同時に見ているといってもいいだろう。というより、私たちは、意識のなかで、そうした風景をつくり出しながら、個々の集落を語っているのである。

特に、集落について分析的な作業をしようとすれば、これまでに見てきた集落全体を見渡そうとする努力をする。

多くの集落を見渡すことによって、いろいろな規則性が見えてくる。しかし、集落全体にわたって言えることは意外に少ないし、仮に規則性を挙げてもただちに反例が現われるように思える。したがって、以下に示す内容は、旅の印象といった程度にとどめておくことが無難だと思われる。

(1) 不毛な地にある集落は、集落形式もしっかりしているし、比較的形式が長期にわたって持続する。これは、常識的にも言えそうである。侵略者がやってこないし、集団的に生きることと自然との間の平衡状態が早い時期に定まってしまうからである。砂漠や沼沢地の集落は、ユニークであると同時に、高度の知恵によって安定性が与えられている。

(2) 遠く離れていくつかの場所で、類似した集落形式を見出すことができる。これは、例えばモスクと教会とを置きかえれば、全く同じ形式の集落であるといえそうなふたつの集落が、離れた地点に見出せるという意味である。文化は伝播だけでは説明できず多発性をもって説明される。また、離れた集落のあいだでもモデルを組むことができる。

(3) ある形式を共有する集落の分布範囲は、比較的狭い。アッシャーとかチャドルと呼ばれるテントの生活者の集団を集落とみれば、その分布はアジアからアフリカにまたがるし、イスラムの伝統的な都市形式であるメディナの分布も同様に広がっている。しかし、集落形式は概して文化圏とか国家といった広い圏域で語るべき対象ではなくて、小さな谷すじ、くぼみといった範囲で局所的に語るべきであろう。

(4) ある特性(たとえば、部分的な仕掛け)に限ってみれば、この特性を共有する集落は世界のあちこちで見出すことができる。つまり、かなりユニークな集落であるとしても、あるひとつの特性に限ってみれば、その特性をもつ他の集落の例は探せるということである。

(5) 集落全体を分類する決定的な概念を見出すことは困難である。集落相互を類似と差異の概念によって説明するモデルを組むことは可能であるが、集落の分類表をつくることはたいへん難かしい。これは、集落がきわめて多様な現象であることにもよるが、住居の配列規則を記述する適当な図形の分類がないことにもよる。

集落の〈世界風景〉

集落を旅して、何にもまして驚かされたのは、自然の圧倒的な美しさであり、その自然の風景をよりいっそうきわだたせている集落の姿であった。サハラ砂漠の小都市、ヒマラヤを背にしたネパールの集落、まことに信じられない美しい風景である。それら数々の集落のある風景を寄せ集めてみると、集落が見える〈世界風景〉といった像ができる。

世界観なるものが、世界の本質をとらえた抽象的な図式であるとすれば、〈世界風景〉は、具体的ないきいきとした世界の縮図であろう。私は、集落の旅をとおして、名も知らぬ多くの人々に出会った。出会った人々が、不思議なことに、深遠な世界をかいま見ている哲学者たちのように思えたのである。そうでなかったら、なんであのように美しい集落をつくり、自然にたいする解釈を表現できたのであろうか。もちろん、彼らは直接的な集落のつくり手ではないかもしれない。しかし、彼らは祖先が生み出した〈世界風景〉のひとこまを守り、そのなかに登場している。現に〈世界風景〉をつくっているのだ。

集落への旅は、究極的には私自身の〈世界風景〉をつくる作業であったのだ。すべての人は、それぞれの〈世界風景〉をもって生きている。旅は、新しい〈世界風景〉を誘起する。旅が教えてくれる信じられないような現実。フィクショナルな実在としての集落。旅によって、世界はますます拡大され、浄化されていく。

かつて、ギリシャの哲人ピタゴラスは、天界の運動の音響ハルモニアを聴いたと伝えられる。もし、この世に、ハルモニアに近い風景があるとすれば、それが、サハラの小都市であり、ヒマラヤを背景にした集落などからなる、集落の〈世界風景〉ではないかと、私は思う。

I 集落への旅

――地中海――

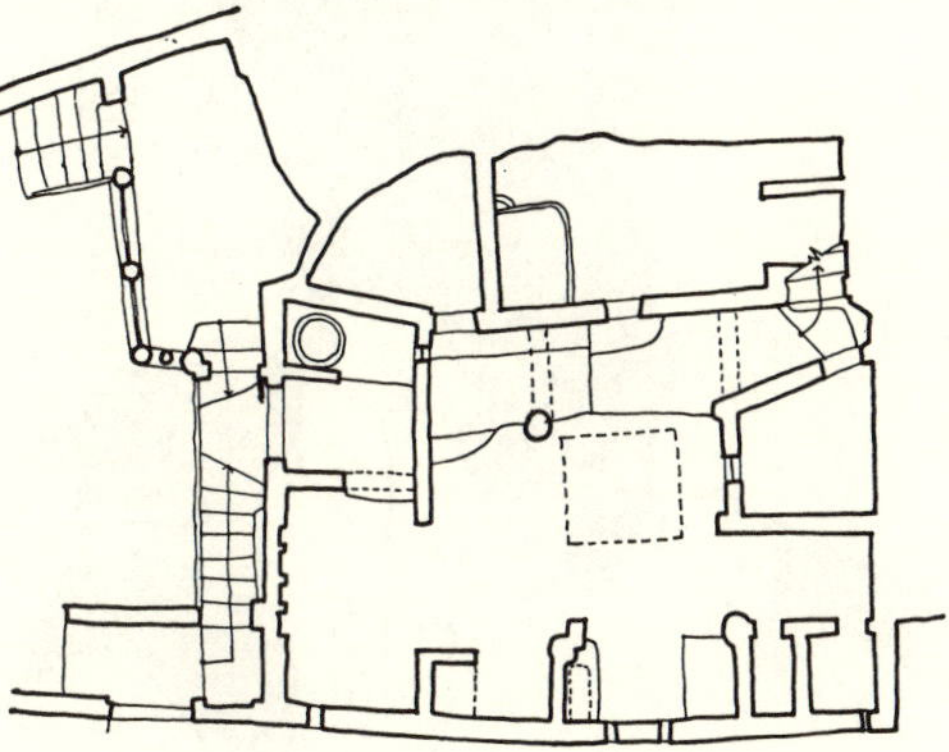

ムザッブの谷のメディナの住居平面

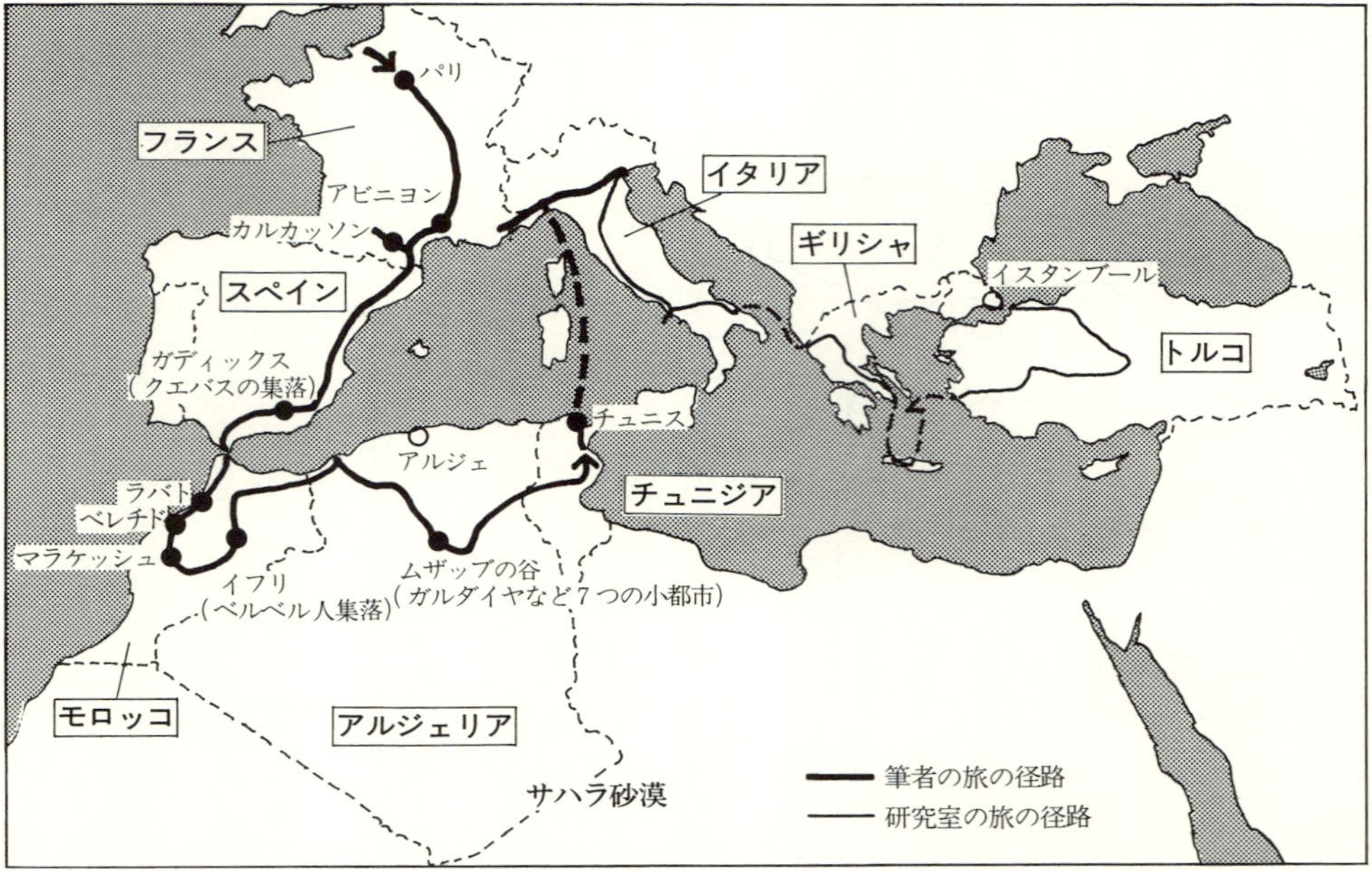
パリ
フランス
アビニヨン
カルカッソン
スペイン
ガディックス
（クエバスの集落）
ラバト
ベレチド
マラケッシュ
イフリ
（ベルベル人集落）
アルジェ
ムザッブの谷
（ガルダイヤなど７つの小都市）
チュニス
チュニジア
イタリア
ギリシャ
イスタンブール
トルコ
モロッコ
アルジェリア
サハラ砂漠
筆者の旅の径路
研究室の旅の径路

1　旅のはじまり

走る研究室

私たちが、ジブラルタル海峡を要《かなめ》とした地中海沿岸の両翼、つまり、歴史の物語と明るい夢にあふれたこの大きな内海に沿ってのびる南欧の国々と、サハラ砂漠がすぐそこまでせまってきている北アフリカ一帯との、ふたつの異なった文化圏に散在する集落の数々を訪ねたのは、一九七二年の春のことである。

一行十四人の旅立ちであった。私たちは、未だ見ぬ集落にむけて心ははずんでいたが、一方では不安でもあった。どのようにして集落へ入っていったらよいのだろうか。ろくに言葉も話せないのに、意思は通じるのだろうか。途中で車が故障したらどうしようか――。ともかく、パリでステーションワゴンのプジョ二台を借りて、ローヌ河を南へ向けて走り出したのが、集落への旅の始まりであった。

旅に出たのは、ほんの思いつきだった。研究室では、変わりつつある建築や都市のイメージを論議していた。近代建築が切り捨ててしまった集落、しかし、少なくとも都市像においては、近代の建築家たちといえども未練を残さざるをえなかった集落。私たちはそうした集落について語りあったのだが、気づいてみれば、集落など見たこともないのである。本で見ているより、現地に立った方が集落のもつ意味がよくわかるのではないか。ことによると、私たちが知らない集落を探し出せるかもしれない。とにかく、ジブラルタルまで行ってみようではないか。

こうして私たちは、〈走る研究室〉を始めた。地中海周辺地域を選んだのは、近代建築のなかで語られた共同体(コミュニティ)は、この地域の中世集落を規範としていたからである。個人的に言えば、私はジブラルタル海峡を訪れたかった。そこにかつて「ヘラクレスの柱」がそびえており、この幻の柱はその昔〈世界の門〉であったと伝えられる。集落とは直接のつながりはないが、私にはヘラクレスの柱こそ建築の原点であると思われるからだ。

地中海が、長い間世界の核であったことは、地図の歴史を見るとわかる。今日残されている〈世界図〉のほとんどが、地中海を中心に描かれている。とすれば、古い集落を探しにゆくなら、地中海周辺が最適であろう。

調査と子供たち

ローヌ河沿いのとある集落のシルエットにひかれて、私たちは車を止めた。私たちは、村人たちに注視されながら、あいさつを交して歩いた。緊張のあまり、私たちは何をすることもできず、ただ写真をとって帰ってきただけだった。村人たちには、奇妙な集団に思えたにちがいない。

住居のなかを見せてもらったのは、スペインへ入って出会ったペトレスという集落が最初だった。この集落は、オリーブ畑でかこまれたのどかな村で、私たちもゆったりした気分で教会前の広場に立つことができた。その広場から続いている美しい家並みの、とある住居になにげなくひきこまれて、端正なたたずまいの居間を訪れた。

本格的に住居を調べるようになったのは、次に訪れたクエバスの集落である。この集落については後に詳しく述べるが、ここで私たちは十歳前後の子供たちに出会った。以後、どこの村や町でもそうなのだが、子供たちこそ私たちの意図を理解してくれ、ガイドをつとめてくれる協同研究者であるのだ。

集落で元気があるのは、子供たちである。大人たちは、砂漠などでは、老いこむのが早いように見える。子供たちは、実際には、第一の働き手でもある。家畜の番、水汲み、幼児の世話などをする子供たちに、どの集落でも出会う。集落の活気は、彼らが生み出している。

アフリカに入ってから、よりはっきりしてきたパターンであるが、集落に入るとたんに私たちは子供たちにとりまかれる。そこで、子供たちに話しかける。言葉は、何でもかまわない。日本語がもっとも好ましい。子供たちと私たちの間のやりとりを、村人たちはじっと見ている。子供たちには、絵による説明や手まねが実に有効である。たちどころに、彼らは私が何をしようとしているのかを理解してしまう。

奇妙な来訪者に興奮した子供たちは、私たちが住居を訪れて寸法を測りたいと言っているのだと村人たちに説明しはじめる。そこで、ちょっとした論議が大人たちと子供たちの間でまき起こる。勝つのはきまって、子供たちなのである。彼らの間で話し合いがつくと、子供たちは喜び勇んで大人たちに許可の確認をする私たちをせきたてて、家のなかへと案内し、巻尺の端をもって寸法を測りだす。実際のところ、集落調査の報告書には、本来ならまず村の子供たちの名前を最初に書かねばならないところだ。

たとえば、クエバスの集落で出会った十一歳の少年ホセは、私たちを感嘆させた。たどたどしいフランス語の質問にたいして、すぐさま少年は答を返してきたが、その答の意味を理解できないと知ると、私たちが持っている辞書を使って教えてくれた。辞書を使っての少年との長い対話から、この集落について知ることができたのだった。また、たとえばマラケッシュでは、迷路状の街の案内をしてくれたのは十歳にもみたない一人の少年である。彼は、すでにプロのガイドで、五カ国語が話せる。彼はけなげにも、いつも私たち一行の人数をその都度確認し、迷子がでないように注意をはらっていた。

集落をめぐる旅は、私たちの好奇心と、そこに住む子供たちが私たちに対して抱く好奇心とを融合するところに成立する。輝かしい数々の集落に出会って、次の集落をたずねて旅を続けようとする意欲が湧きあがってくるのだが、行く先々の村で、少年たちが待ちうけていてくれて、楽しいひと時を過ごせると思うからでもある。

2　未来のための〈一枚のスケッチ〉

話は経路に従って展開しないが、モロッコの片田舎で、浮浪者に近い人々が集まった貧しい集落を訪れたときだった。家族は全員並んで、写真をとりますから、といったら、大男を中心に、建物に似合わず着飾った女たちが数人子供を従えて現われて、私は一瞬どぎまぎしたが、一夫多妻制を思い出した。

意外な私有の貫徹

言葉は通じないが仲良くなって、試しにあなたの家の境界はどこかと尋ねたところ、やにわに私は大男に肩をつかまれた。ぎくりとしている私をひきずって彼は大股に歩きだした。質問は正確に伝わったのだ。とどうだろう、住居周りの石垣を越えて、広場とはいえないまでも共有のあき地とばかり思いこんでいた土地を彼はよぎって歩きだした。途中、彼はうろたえた。敷地境界の縁石を見失ったのだ。やがて彼は得意げに土に埋った石を指し示した。境界を一周し終ったとき、この哀れにも荒廃した集落のあき地にも土地の私有が、少なくとも今日では、貫徹していることを私たちは知ったのだった。

アトラス山脈のサハラ砂漠側にイフリという河域があって、そこには原住民のベルベル人がつくる美しいクサールという集落が並んでいる。そこでかつて共同の食糧などの貯蔵庫で、防衛の砦でもあった建物カスバを訪れた。四隅に塔がある日乾れんがの二階建ての大きな家で、いまは集合住宅のように数家族が住んでいる。土塀でかこまれた前庭があって、これこそ共同の庭の典型であろう。庭は少々荒れ気味で、いまどう使われているか必ずしもさだかでない。私たちを歓待してくれた家の少年に、庭の使い方について尋ねると、意味がわからない。詳しく聞いてみると、あなたには八つに分割されているのが見えないのかといって区分を説明した。あの二番目の区画がいずれ彼のものになると教えてくれたのだった。

共有性の再検討

こうした例はいくつもあるが、オアシスでの体験は、私たちに共有のイメージの変更をせまった。砂漠はたしかに海のようで、絶えず変化して形をとどめない。あちこちに小高い丘ができて、なめらかな曲面をつくる。オアシスはなつめやしの緑で彩られ、これこそ共同生活のシンボルである。オアシスの内部に入ると、砂丘は時として視界からやしの高木をさえぎるほどになる。

しばらくすると砂丘には二種類あるのに気づいた。なめらかさに欠ける砂丘がある。この砂丘の裏側では一人の男がスコップ一本で丘を盛り上げている。砂漠での労働は、と小学校教員は生徒たちを自習させておいて説明してくれた。建物となつめやしと畑とを砂から守ることだ。一瞬の気のゆるみで吹きくる砂に埋められる。たしかに砂漠の廃屋は老朽や破壊では知られない。砂で埋っていたらそれとわかる。誰がなつめやしの除砂をするのかとの私の問いに、教員

図2　アトラス山中のベルベル人の集落クサール

は、持主だ、と答えた。持主？　と私はききかえした。

彼の説明はこうだ。すべてのなつめやしは厳密に個人所有されている。なつめやしは重要な収益源で、一本が一年七千ディナールになる。この集落では数百本持っている人もいれば、たった一本持っている人もいる。もちろん持っていない人もいる。なつめやしの樹間にはこの通りえんどう豆の栽培もできるといって、大型のさやを一房もぎってくれた。

砂漠は冷酷で人の眼をつぶす。砂と太陽の反射で片眼の人が多かった。この環境のなかでも、木々は決して共同の蔭をつくってはいない。考えてみれば、現在の日本だってそうなのだ。共有する場所といえば、道路とわずかな公園であって、それも厳しい管理下にある。アルジェリアは社会主義になって、私たちが滞在した頃ちょうどカストロがやってきて熱狂的歓迎をうけていたが、抵抗戦線がとかれてから間がなかったのだから、私有性がいぜんとして残っているのは当然である。かつてのオアシスがいま見られるはずがない。

かつての、と簡単に私は書いたが、その昔なつめやしが共有された時期があったのか、あるいはそれがいつなのか、調べきる能力が私たちにはない。現在見て共有のと私たちに見えるものも、実は私有制度下にあり、従って歴史の常識から類推しても、そう簡単に、コルビュジエのように、かつて伽藍が白かった時を手ばなしで賛美するわけにはいかない。いずれにせよ、共有のには疑問符が打たれた。

ところで、いま私たちが見ている集落とは、一体いつの集落なのだろうか。住んでいる人も家も、日付けは現在の集落であることには間違いない。ところが造られた年代は溯り、ヨーロッパの集落なら時間の視野から消えてゆくものもある。スペインで老婆が、ずっとずっと昔と答えたのが印象的である。

問われる構想力

私たちは中世を見に来たつもりでいた。確かに中世も見える。それぞれの集落の形態の原型はおそらく中世である。しかし見ている集落は現代である。私たちはそこにある物的なものどもしか見ないから、修正された中世の原型しか見られない。では形骸を見ているのか。そうとも言いきれない。死骸を研究して生体を論じる、あるいはその逆のいずれにせよ、誤りの観測をしてはいないだろうか。

純粋にアカデミックな意味で問われれば、私たちは調査や観察を研究であるとは思っていない。逃げを打つつもりではなく、歴史の座標上に日付けを打つ能力もなければ、それをしたいとも思わない。私たちにとって意味あることは、未来のための一枚の建築や都市のスケッチを描くことだ。

そのためには、集落をあれこれと厳密に調べあげ、結局は多様な集落があるのだという語り口は避けなければならない。そうではなく、さまざまに見える集落も実はこれこれの原理で一元的に説明されて、多様な現象は条件によってたまたま起こるのだといった語り口で、全集落の空間的な仕組みの構図を画くことが課題であり、ひとつ旅が終るごとにその構図を推敲してゆく作業に意味を見出したい。

ここで蒙る独断と誤謬は避け得ない。それゆえ、事実と論の構築とは区別しなくてはならない。測定の日付けが書きこまれた広場の図面や住居の図面、それらの資料作成は研究のカテゴリーに入る。しかし幾万の資料を積みあげたところで〈一枚のスケッチ〉は出てこない。論の構築、スケッチ、それらは事実の記述とは切断されている。

まさに問われているのは構想力、想像力である。ギリシャの時代の地図を見るときそこに描かれた円環状の海オケアノス、エルサレムを世界の中心にすえた中世のTO図、それらは事実ではなかったが、時代の文化を支えるに足る構想力が十全に表現されている。構想力が問われるから、旅は不安なのだ。

通り過ぎる者の眼

さらに悪いことには、私たちの眼は、とどまって住む者の眼ではなく、瞬時、通過する者の眼である。不可避的に現在の日本の文化の総体によって規定されている眼でしかない。かくも限定された眼により、混乱しやすい時間軸にのった対象を前にしての観察について語るとすれば、さまざまな自己の論理の正当化はことごとく無意味に見えてきて、ただ〈一枚のスケッチ〉のために旅する私が、唯一リアリティを持ってくる。

3　集落の支配的部分

〈法王の広場〉と〈時計の広場〉

私たちの共同性についてのイメージに疑問符が打たれたのは、実際にはヨーロッパにおいてである。それがジブラルタル海峡を越えて鮮明になったのは、広場にはいくつかの形態があることをメディナで知ったからである。私たちの旅のはじまりはパリで、そこから地中海に出て、海沿いにスペインを走ったのだが、それまでに出会った集落の数はかなりある。調査した集落、遠望するだけで終った集落やらいろいろだが、それらの集落に接してみると、いわゆる広場という言葉がもっている「市民的な」、あるいは「共同性の」、といった語感は旅がすすむにつれて薄れていった。

ローヌ河のほとりのアビニヨンは、童謡にうたわれたり、物語の舞台になったりでよく知られているプロバンス地方の中心都市である。法王が住んでいた時代もあり、美しい河岸に城壁で囲まれた都市は歴史にも富んでいる。この都市は、スケールから言えば他の集落とは比較にならないが、ここの広場はキリスト教文化圏の広場の性格をよく示しているように思われた。

城壁内の旧アビニヨン市内にはあちこちに小さな広場が分散して配置されているが、その中心となる広場が私たちの注意をひいた。中心広場はふたつの広場が連結したかたちで構成されている。ふたつの広場のうち、奥まった〈法王の広場〉は、いかつい表情をした建物の一群、つまり宮殿、教会、公館などにかこまれている。ローヌ河岸のわずかな地形上の高さを利して、都市のなかの好地点を占めている。床は石だたみで、わずかに傾斜しており、教会に登るスロープなどもあって、ヨーロッパによくある広場の体裁をととのえている。ただ少しちがうのは、市庁舎などがこの広場にはなく、劇場やレストランなどもふくめてこの広場の隣の〈時計の広場〉に属している。

ふたつの広場は細いネックで連結してある。〈法王の広場〉には観兵式などが似合い、〈時計の広場〉には市民的なにぎわいが似合う。資料をさぐっていたら古い時代の〈法王の広場〉の情景を描いた絵がでてきたが、私たちの印象そのままに閲兵式が行なわれていた。いまではこの〈法王の広場〉も、ヨーロッパの都市のほとんどの広場がたどる宿命で駐車場に使われているが、当時人は容易にここには入れなかったろうと思われる。手前の〈時計の広場〉がいわば〈法王の広場〉の前庭であって、分離形式がとられたのは機能的な理由によるというより、儀式的、管理的な理由によるのであろう。〈時計の広場〉の建物は装飾が少なく、〈法王の広場〉の建物には装飾が過剰で、稀少なるもの、労働力を要したものであることは一見してわかる。

一般にヨーロッパの集落、都市の装飾の分布は、広場を頂点として外辺に行くに従って稀薄になる。装飾は労働量の直接的表現であって、儀式的な表象、権威の表象となる。こうした意味からも、分離形式は支配力の階位からの説明のほうが納得しやすい。私たちがこの分離形式に着目したのは、ヨーロッパの標準型の集落では、このふたつの広場が重ね合わさってひとつの広場になっていると考えられたからである。私たちの意識にある、広場の市民的な共同性のイメージは、アビニヨンの〈時計の広場〉のイメージであって、実は〈法王の広場〉の儀式的な性格は見落とされている。私たちがあちこちの集落で受けた広場の印象は、逆に、〈法王の広場〉の印象であった。(スペイン型の広場だと、教会は儀式的な広場と庭園風の広場とを従える例が多い。しかしこのふたつの広場は、教会によって統御されているので、全体としては儀式的なニュアンスがまさっている。)

〈高い町〉と〈低い町〉

広場、人と人との直接的な触れ合い、教会の鐘の音、コミュニティ――という一連のイメージは、アビニヨンで見た広場の性格の二重性によって疑問符が打たれたが、〈高い町〉と〈低い町〉との出会いはさらに疑念を深くした。この呼び名は、フランスのスペイン国境近くの町エルネで知ったのだが、丘の上とそのふもとに二分された集落の形態は、すでに観光地としても有名なカルカッソンで観察ずみであった。カルカッソンはローマ時代からの砦であって、いまも城が城壁をともなって残っている数少ない例である。城が小高い位置で廃墟と化し、いまでは低い集落だけが残っているという例にはあちこちで出会うから、カルカッソンの集落形式はかなり一般的であったのだろう。カルカッソンの城はお伽噺にでてくるような城で、〈低い町〉から見れば、ただ城だけが起伏の上に立っているようにみえる。しかし城壁の内側に入るや、そこには家が並び、教会が立ち、井戸や洗濯場があって集落のミニアチュアを見る。ここでは城とは〈高い町〉なのだ。このからくりを知った瞬間、私はカフカの『城』を想った。ヨーゼフKが訪れたあの村は、小説として高度に仕組まれたからくりと私は思っていたが、実際は事例に即した記述だったのではないだろうか。彼が村はずれの道からはじめて見た城もこんなだったにちがいない。下の町から見れば、城壁はとりつくしまもなく、崖を空に延長してそそりたっている。やはりこの〈低い町〉でも多くのヨーゼフKが城からの通信を待っていただろう。〈低い町〉からは、城つまり〈高い町〉の生活は知るよしもない。城壁はあまりにも高い。ヨーゼフKの物語は、城に従えられた集落の構造の本質を適確に表現していると、私はいまなお思っている。

エルネの町もそうだった。この〈高い町〉には城や宮殿こそないが地形的にはっきりと分離された区画をもち、伝統ある教会と庭があって、そこから〈低い町〉を一望できる。〈高い町〉のほうが集落としての要素とそれらの配置において完備している。しかしふたつの領域の格差はカルカッソンほど明確でない。カルカッソンの場合は、〈高い町〉と〈低い町〉では建物、道路、広場すべての造りに明快な差異があったが、エルネでは、現在〈低い町〉が商業的に栄えて、〈高い町〉の古さが私たちにふたつの領域からなる集落の仕組みを教えてくれる。

〈高い町〉と〈低い町〉とは歴史の深さのちがいがあり、それが身分的な差を指し示す領域区分になっていったのだろう。〈高い町〉が〈低い町〉を支配していたとはいいきれない。しかし両者を隔絶する地形はそのまま格差を表現しているという体感をもたざるをえない。つまり支配的な部分は必ずといっていいほど高い位置を占めるのがヨーロッパ集落の共通の特徴であると、多くの観察から私たちは学びとった。

4 メディナの体験

メディナ、カスバ、クサール

ジブラルタルを越えてモロッコのメディナに足を踏みいれて、初めて旅が充実した。もしメディナを体験しなかったら、海外の集落調査をひきついで行なう気も起こらなかっただろう。それほどメディナは示唆的であった。今にして思えば、私たちはアラブの文化圏について何も知らなかった。都市といえばエジプト、ギリシャ、ローマ、そしてキリスト教中世都市という流れを私たちは学んで育ってきた。メディナはそれらの都市系列とは全くはずれた異系列上の都市なのだ。私たちの思考はメディナのなかで収斂した。

私たちが訪れたメディナは、テトアン、ラバト・サーレ、マラケッシュ、フェズなどのモロッコの諸都市である。これらの都市は、スケールからいって、集落とは呼べない。しかし、私たちは住居の性格と配列の仕方に興味をもっている。その意味ではスケールの差こそあれ、小集落と同じレベルで語ってさしつかえないだろう。

メディナのイメージは、日本ではカスバと表現されている。映画《望郷》のせいだろうか。カスバとは、傾斜地に添って石造の家が立ち並び、遠望すれば家が重なりあって美しく圧倒的な景観をつくる。しかし、カスバの内部はさながら迷路のようで、住人たちもなにかしら秘密めいて、よそ者がいたずらに足を踏みこもうものなら二度と帰れなくなる……。このイメージはおおむね正しい。これがメディナであって、カスバとはその特定の一部分である。

私たちが訪れたメディナは、ローマの時代以前からこの地に住んでいたベルベル人が、七世紀にはじまるアラブの侵入によってイスラム化する過程で建設された都市である。ベルベル人たちは書き文字をもたない民族で、部族によって遊牧を主としたり、農耕を主としたりする。ベルベル人は三世紀にマシニッサによって統一されたと伝えられるが、歴史を概観すれば、フェニキアを初めとして、ローマ、ヴァンダル、ビザンチン、アラブによって侵略され、さらにトルコによって、新しくはヨーロッパ列強によって支配された。彼らの歴史とは、いわば被支配、被侵略の歴史である。

しかし、そのなかでアラブだけが、圧政を強いることなくベルベル人たちと融合をはかり、独自の合成文化を築きあげた。これがマグレブ文化とよばれる。マグレブ文化域は、現在のリビア、チュニジア、アルジェリア、モロッコと考えてよいだろう。メディナは、アラブ人とベルベル人の合作である。が、原型は明らかにベルベル人のクサールである。

私たちはアトラスを越えて、ベルベル人独自の集落つまりクサールを訪れた。クサールはメディナの田舎版といった感じであり、住居の平面や住居の配置はメディナと酷似している。クサールにモスクと明確な広場を投入し、建物を標準化すればメディナになる。クサールは日乾れんがの住居の集まりで、内陸河に添って農耕を営む。彼らは遊牧民の攻撃にそなえて、収穫を一カ所に集めて共同防衛する砦をクサール内に用意した。これがカスバと呼ばれる。メディナは城壁をめぐらされた都市であるが、更に一部をかためて軍事防衛、あるいは財宝庫の拠点とした。これがメディナのなかのカスバである。

メディナの特性

メディナの住居はすべて中庭をもったロの字型平面である。つまり住居のおのおのの部屋は中庭にたいして開いていて外部に向かって閉じていると考えてよい。それゆえに、住居は隙間なく、また、ひとつの出入口さえ設定すれば、どんな自由な並べ方も可能である。これはメディナという都市全体を形成するうえでの決定的な性格であって、住居が閉鎖的であるがゆえに、道は細く、いたるところで曲りくねり、壁につきあたっては折れ、袋小路ができてさながら迷路となる。こうした住居の原型はクサールの住居にみることが

図3　メディナの航空写真

できる。クサールの住居を四周から圧縮すれば、メディナの住居になる感じだ。

日本の島集落でみる住居の重なりは、遠くから眺めるとメディナの景観に似ていないこともない。住居がたてこみ、細い道が複雑に入り組んで、石垣につきあたる。ところが両者の性格は全く異なる。日本の住居は外に向かって開いており、住居と住居とは切断されることはない。メディナでは、住居はたがいに完全に不連続な関係におかれる。この都市を航空写真でみると、蛙の卵が一面に拡がっているように見える。

都市の仕掛け

さて、迷路さながらの道路は無計画の結果生じたのだろうか。それは恣意的にあるいは自然発生的にできたどころではない。巧妙極まる計画的な都市のからくりであると私たちは考えた。それを裏づけるのがメディナの広場である。メディナの広場はがらんとしている。日常は市《いち》がたってにぎわうが、商いが終ってみればただのあき地である。ここには外部から人が自由に入れる。広場近くに王宮や主要なモスクがあるにせよ、それらはひかえ目に立ち、決して権威と儀式の構えは見せない。キリスト教集落の標準型の広場とはおそろしく対比的である。あき地のような広場を住居の集まりがとりかこむ、というのがメディナの基本型である。迷路状の道路は幾枝にもわかれて広場に通じている。

メディナは、オアシスに建てられていて、マクロに見れば孤立点である。他地域との交流には、砂漠を越え、アトラスを越えるキャラバンが主役を果したであろう。閉じた領域をつくるメディナも全く孤立していては、涸渇の惧れはあっても発展は望めない。攻撃的な遊牧民にたいして防衛しつつ新しい文化を吸収し、必要な物資を迎えいれなくてはならない。

そこで都市計画上の天才的考案がメディナのパターンを生んだのだ。つまり、広場までは自由によそ者も迎えいれる。広場は商いの場であり、商いを通して他域の文化に触れる。必要なものだけを広場で選別し収得すればよい。トラブルが起こった時は、住居の領域に避難すればよい。よそ者が住居の領域に入りこもうものならそこは迷路網で、すべての住居は砦となるだろう。道路の両側はせいぜい小孔のある壁面で、どこから攻撃をかけられるのか予想もできない。都市計画の天才たちは、なんら力の物的表現の仲介なしに、都市にとって有利な情報だけを迎え入れ、過度の干渉を未然に防ぐ都市構造をつくったのだ。この効果ははかりしれないが、現在なお都市の原型がさしたる変更なしにそのまま残っていること自体その証しになっている。ヨーロッパの制圧から逃れるための解放戦線が都市にこもったと伝えられるのも、この都市のからくりゆえであろうか。

またこの都市は中央の統御をほとんど許さないという性格をも兼ね備え、メディナ内部の人口はいまなお行政庁でも正確にとらえることができないでいる。ベルベル人は、相互の干渉を極度に嫌う民族だとの一説がある。そのため彼らが主体となって侵略に出る歴史はほとんどないという。この都市の仕組みを見ると、そうした説明もうなずけてくる。

私たちは旅の先々で、少年たちとたちまち仲良くなり、彼らの案内でどこでも入って測定したりした。メディナでもその例にもれず、ロの字型プランの住居に入ることまでした。しかし道では少年たちは絶えず走りまわって私たちの頭数をたしかめていなくてはならなかった。広場から三十メートルもすれば、自分がどこにいるのかさっぱり見当がつかなくなる。

モナドとしてのメディナの住居

広場の開放的であるのにたいする住居集合の領域のわかりにくさの極端な対比は、西欧的な秩序観とは全くちがった感覚を思わせる。キリスト教文化圏では、広場とは、アビニョンのあの〈法王の広場〉でかいま見たように、秩序とその維持の頂点となる空間装置である。広場の背後にはローマに通じる強力な権威がある。私たちの調査によれば、キリスト教典型集落の住居には、道路と連結したホワイエ(前室)があって、そこを媒介として各戸は広場に通じている。それは中世の地図、例えばTO図でみるように世界の中心イエルサレムに通じる求心的構造の一端なのだ。

メディナは実際的な都市で、各住居で重い戸を閉めれば外界とは中庭から見える空であって、家は相互に独立し、干渉が許されない世界となる。モスクは住居とならんで建っていて、およそ権威的でない。住居領域には、どうしようもない知られざる部分、あいまいさが埋蔵されていて、それが都市集落の秩序を支えている。

私たちにはメディナの現場は衝撃であった。これほど物的に明快な全体構造をもつ都市形態も少ない。しかも今様な言葉でいえば、空間的な情報制御機構をもっている。都市の要素である住居の形式と全体構造とが、必然的な対応をつくる。要素が全体性を規定する力をもっている。古い言葉だが、ここでは住居は実体なのである。

思い起こすのは、ライプニッツであり、カラームの思想である。ものが移動するのは、粒子状の空間を次々と渡ってゆくのだと思想家たちは言った。中空の存在を否定したアリストテレスらの連続論は、近代の科学でも勝利した。しかし、アラブのカラームの思想は、空間は不連続な粒子からなるとしていた。そしてカラームの影響をうけたライプニッツは、この非連続的な空間のとらえ方を基礎にモナド説を組みあげたと、一説には伝えられる。近代に十分には継承されなかったこの空間の概念がメディナに物象化されているのを、私たちは見たのだった。

　私たちが集団というとたんに唇が寒くなるのは、私とあなたを同時に語ろうとするとどこか途方もない遠方に関係を溯ってゆかねばならないからだ。それはキリスト教広場に立ったあなたと私に似ている。例えば国家まで溯っていってしまい、私とあなたの連結を規定する全体式は行方不明になる。私やあなた自体には結合力がない。ライプニッツは近代がこうした状況におちこむのを惧れてモナドを説いた。結合力を内在する単位である。まさにモナドとして、メディナの住居はある。

　こうして、キリスト教の儀式的な広場とメディナの通商の広場を見るにおよんで、集落とは、内部秩序の統御と、外部からの侵入と干渉にたいする防衛の方法の物象化であるという感覚が私たちには芽ばえた。多くの集落に接して、私たちの眼は共同体の物的表現を見るどころか、逆に支配と統制の空間的投影を見てしまうように変質してしまった。私たちが唯一つの手がかりとして旅立ったあの共有のあるいは共同のシンボルであるはずの広場はどこへ行ってしまったのだろうか。

5　クエバスの集落を行く

クエバス

スペインの集落のなかに、今なお横穴住居の集落がある。この住居をクエバスと呼び、普通の家カーサと区別する。私たちはメディナを見る前に、すでにクエバスで知られているガディックスやクエバス・デル・アルマンゾーラの地を訪れていた。クエバス集落が何を意味するかを知ったのは、現場に居たときではなく、メディナやクサールを知った後のことである。

クエバスは、ところどころに窪みをもつ連続した丘の下にくりぬかれる。丘にたって眺めるとアンダーグラウンド・コミュニティといった言葉がぴったりくる。なめらかな丘のうねりに無数の白い煙突、換気筒が立つ風景だけしか見えないという、世にも不思議な都市というか、集落である。ガディックスには一万人にもおよぶアンダーグラウンド・コミュニティがある。

窪みに下りてゆくと、そこがクエバスの入口にとりまかれたあき地というか広場だ。クエバスの特徴は、もちろん穴居住居そのものが特徴なのだが、むしろその平面にある。住居の材料や構法に焦点をしぼれば、それぞれ特色があって集落についての語り口は、風土論におもむく。それはいってみれば自然条件だから、共有するものの最たるものであるが、素朴な風土論がと

りあつかえる集団についての射程はいまのところ限界がある。
　それは後に問題にするとして、ここでは具体的に住居の平面に着眼してみよう。ここで横穴を丘にえぐって家をつくるにしても間取りはいくらでも考えられる。にもかかわらずクエバスは決った間取りをもっているのだ。ひとつの部屋の広さはほぼ一定で、三メートル角、大きな部屋で四メートル角程度である。中には細長い部屋もあるが。クエバスは、こうした単位化した部屋をだんごの串ざしのように連結したものだ。
　入口は丘の横腹にあいて、コンクリートでかためてある。第一の部屋は、厨房をともなった居間である。次の部屋は夫婦寝室で、それから子供の部屋が並ぶ。子供たち

図4　クエバスの集落

が外に出るためには夫婦寝室、居間を通過する。この部屋の並び方が基本である。これに家畜の部屋、納屋、その他もろもろの附属部屋が連なる場合もある。部屋と部屋の間には厚い土の壁があり、これが丘を支えている。土の壁に孔をあけてそれが部屋間の連絡口となる。だからひとつひとつの部屋は意外に閉じた感じを与える。丘の土をどけて考えれば現代風のプラモデル式の住居平面で、作図してみるとモダーンな印象をうけるのが面白い。

クエバスには便所や風呂がない。便所がないのはさして例外とはいえない。ベルベル人のクサールの家にしたって便所はない。住居の平面に着目すべきであるといった意味は、最初に居間があり、夫婦の部屋がありといったこの順序である。数多くの組み合せが可能であるにもかかわらずこの順序がどの家でも守られているとすると、そこにはなんらかの必然性があると考えるのが自然だ。

居間の延長としての広場

例の調子で子供たちを相手に丘の上で話を聞く。便所はどこかと尋ねると、ここだという。その意味が私には最初わからなかった。私たちの感覚からすれば、丘はクエバスの屋根である。屋上庭園はいまでは当り前だから、丘の上が遊び場であったり物干し場であったりするのはよく解る。でも、屋根が便所であるとはちょっと理解しにくい。しかもかこいもなければ場所も指定してはいない。注意してみると、それらしき形跡があちこちにある。丘の上は芝生状態で、換気筒しか見えない不思議な風景は、つまり延々と続く排泄空間の眺めなのだ。

丘の上がそうした空間ならば、窪みはこの集落形態にとってかなり重要な役割を果しているだろう。窪みは、果てしなく続くかに見える集落を、数戸あるいは二、三十戸程度のグループに分節する。窪みつまり広場をかこんだ小住区の集合がこの集落の全体的な構成である。この分節化は、風景からはわからない。なんの標識も、ランドマークとなるべき建物もない。指摘されて気づく程度の教会があっただけである。集落のなかに郵便局などがあるが、それも窪みの広場に沈んでいる。広場と広場とは小径で連なっているが、それはたいして強い結びつきではない。広場に下りてゆくと、そこにはこれまで語ってきた広場とは全く異なった情景がみられる。

クエバスの入口の部屋は、厨房と食堂を兼ねた居間であった。クエバス住居は、もともと住居だけで生活を閉じるといったメディナ的感覚とは無縁なのだ。生活は居間に納まりきらないで、広場へとあふれ出る。私は東京の戦前あるいは敗戦直後に建てられた中庭形式の一間のアパートに住んでよく知るところだが、この型のアパートでは、生活の道具が通路を越えて中庭に侵入し、中庭はまるで炊事場や洗濯場の集合になってしまう。この現象がクエバスにあてはまる。広場には穴居住宅からあふれでた道具類がつまれ、これを収納するための小さなカーサがたてられ、家畜と子供がとびまわって、洗濯物がたなびき、女が水を汲み、老人がうずくまって、整然たる状態とはとてもいい難い。もちろん舗装も石敷きもない。いって見ればこの広場は各戸の居間の延長なのだ。

もしキリスト教典型集落の意味でのみ広場の概念がつくられるなら、クエバス集落には広場はない。メディナでは広場はあき地にたとえられたが、住居での生活とは全く切り離されたところに広場が設定されていた。クエバス集落には、もともと広場はなくて、各戸の居間の共通部分がたまたま広場になったと考えられなくもない。クエバスの部屋の並びの順序は、子供を守り自然と交わってゆくための原始の時代に溯る基本的な順序として説明されるであろう。社会化した住居では、家をとりしきる主は奥に構えるのが通常であるから、クエバスで見る逆転した順序は、生活的である広場の特性をもってのみ説明されるであろう。

クエバスとカーサ

クエバス集落は、いまではカーサの町に従属している。都市施設は、隣接している町に用意されていて、クエバスの子供たちもそこの学校に通っているし、男たちは働きにでる。いまではクエバス・コミュニティは下層階級の集落であって、クエバスに住む人々の憧れは自分もカーサに住むことである。私たちがクエバスの案内を頼むと、自分たちの新しいカーサを見てくれといわれてつまらない住居を見せられたりした。

カーサの町の成立はおそらくずっと以前にさかのぼるだろう。クエバスとカーサの間は、〈低い町〉と〈高い町〉の関係と同じ関係がみられる。支配者はかなり前からカーサに移っていて、クエバスは支配の体系からとり残されてしまった集団であろう。ここへの外部からの訪問者は無きに等しい。外からの侵略は空間支配のかたちではまず考えられず、いまでは防衛の形跡もない。広場は全く内部の交流の場である。

広場による集落の分節化は、クエバスではみごとに地形と対応していたが、他の地理的条件下では建築的に分節化がはかられたりする。例えばギリシャのミコノス島がそれである。また、局所的には、このクエバス型の分節化は多くの集落で見ることができる。しかし、この分節化された要素が相当数寄り集まりながら要素自体に変形を起こさないで原型を保ち、いわゆる中央部分、中心部分の異種の要素を生んでいないクエバス集落に、私たちは驚かされた。つまり分節化された要素は直接的な加算性を備えていることを、クエバス集落が証している。もっとも隣接するカーサの町がなかったら、この純粋さは、現代では保たれないのであろうが……。

集落内部の秩序

集落内部の秩序の維持方法とは、いいかえれば集団内に生じくる諸矛盾の対処方法である。これはまずさまざまな規約となって表現され、後に空間の仕組みに投影され物象化されるのではないだろうか。建設技術がさして多様でなかった頃は、同じような形態の集落が繰り返し建設された。この間に計画者たちは、規約を空間化しようと腐心したにちがいない。現在とて、計画というものの性質は同様で、計画には支配的な階層があたり、矛盾が表層化しないように建築や都市のモデルは推敲に推敲を重ねて組みあげられ、それが表面的には支持を得るものなのだ。私は集落の形成を説明するのによく使われる、自然発生的という説明方式に疑問をもっている。自然発生的なのはごく初源的な段階においてであり、一度集団が組まれれば、よほどのことがないかぎり、支配層による計画がねりあげられると考える方が素直とみる。

クエバスの集落は、集落内で生じる矛盾を家族的なつきあいの範囲で解決できる戸数ごとに分節化して、局部的に生じてくる矛盾の拡大と、戸数が多くなることによるスケール固有の矛盾の発生とを未然に防ぐ秩序維持のひとつの方法を示した原型であると考えられる。私たちは、クエバスに共同性を見た。他の形態に比して広場に生活が露出しているところに、旅に出る当時いだいた共有のイメージがそのままあてはまるように思えたのだった。

三つの広場

これまで私は三つの広場の形式を述べてきた。キリスト教典型集落の広場、メディナの広場、クエバスの広場である。この三つの形式は、集団内に生じる矛盾の性格を限定し、それに対処する形式であると考えられる。キリスト教典型広場では中央権威とその表現としての儀式によって、メディナの広場では家族からの切断と自由な通商によって、クエバスの広場では集団の分節化と分節の家族化によって、それぞれ独自の秩序維持がはかられている。

これら三つの形式は、単に広場にとどまらず集落全体の仕組みを説明するであろう。なぜなら、広場はつねに住居形式や道路の形式との関連においてのみ説明されるものだからである。この関連は、配列という概念で表わされるだろう。三つの配列の形式は、幾何学的なモデルとして表現される。幾何学的なモデルは実例をはなれて、純粋論理の分野で検討され、ありうる形態をすべて列記した一組の形態表を提出するだろう。実在するすべての集落がこの形態表の各欄に素直に納まれば、モデルの一応の完成を見ることになろうし、空白欄があれば、それが来るべき住居集合の像、つまり〈一枚のスケッチ〉を暗示するのかもしれない。いまのところ三つの形態は完全な幾何学的モデルを組んでいると私自身考えていないし、いまここでモデル論について記述しようとは思わない。それはもっと先のことだ。

6　自然の潜在力

フランスを南下し、スペインを地中海に沿ってジブラルタル海峡に出たとき、私にはついに来たという感概があった。ヨーロッパとアフリカを結ぶこの地点は、世界地図のなかのきわだった特異点であり、歴史のうえでもまさに文化の結節点であった。見れば、ヨーロッパのジブラルタル岬と、アフリカ側のセウタの岬とがたがいににじり寄ったかたちできびしく対峙しあい、自然の地形そのものが、地中海の門構えをつくっているではないか。

ヘラクレスの柱

とくにジブラルタル岬は、海中からそびえ立っていた巨大な石柱の柱脚の遺跡のように見える。「ヘラクレスの柱」は、その昔フェニキア人が、ジブラルタル海峡の両岸にたてた巨大な円柱であると伝えられる。地中海をかこんで住んだギリシャ時代の人々にとって、ヘラクレスの柱こそ、〈世界の門〉であったのだ。この伝説の双柱の外は、男神オケアノスがつかさどる神話の領域であった。アリストテレスの著書で、この柱を知った時から、私のイメージのなかに、あたかも建築の始源の象徴として、一対の幻の柱がそそり立ったのだった。

この幻の双柱は、地中海を核として、当時の世界全体をひとつの寺院あるいは住居のように秩序づけていたと思われる。地中海は、その壮大にして明るい住居の居間にあたり、そのもっとも奥にあたる位置にやがて可視的になってくるイェルサレムの祭壇がある。この居間には、いくつものアルコーブ(くぼみ)があって数々のやすらぎの場をつくり、居間のまわりにはさまざまにいろどられた国々つまり部屋があるのだ。広い天空を屋根とする居間で、人々はアルファベットをつくり、幾何学を生み、演劇に興じた。こうした世界をひとつの建築に見立てる構想力の証しが、門としてのヘラクレスの柱であったろう。

地形の力・自然の縁

現実のジブラルタル海峡の地形を見たとき、自然が私たちの構想力を支えていることをあらためて認識した。それと同様のことを、数々の集落を訪れてゆくにしたがって、しだいに理解していった。たとえば、丘や小山の地形にあわせた集落にいくつか出会った。人々は、地形上のもっとも高い位置に、教会や城をつくって集落を秩序づけている。この場合、先に述べたように、フランスのカルカッソンの城もその一例なのであるが、平地にある隆起をさらに延長するかたちで城壁を築く。その高い城壁の構築を、自然が暗示しているとしか思えないのだった。

人々は地形上の特異な点を活用しながら集落を築いているが、一般的に言えば、自然の縁《エッジ》にたいして、人々は古くから関心をもち、その利点を活かすべく集落をつくり、都市を築いたのだった。そうした自然の縁《エッジ》をあざやかに活かした例が、ヴェニスでありニューヨークである。

当然ながら、日本においても数々の好例があり、日本のように地形の変化に富んだ場所では、自然の縁《エッジ》の力にたよっていない例を探す方が難かしい。

アトラス山中のベルベル人がつくる集落の分布は、自然の縁《エッジ》の興味ある活用を示している。日乾れんがでつくられた集落が、内陸河に添って次々とあらわれる。日乾れんがは、住居群が建てられているその場所の土を使用しているので、集落全体の色調はあたりの地膚の色あいとまったく同じになる。車をすすめてゆくにしたがって、地膚の色は微妙に少しずつ変化する。その変化してゆく色あいそのままに、集落群が出現してくる。まさに、ベルベル人の集落は、土の結晶体である。

注意してみると、これらの集落のならびは、内陸河によってつくられる地下水域の境界線を示しているのだ。水域の限界のすぐ外側に、集落が築かれている。水を大切にした集落のつくり方が解ると同時に、この集落配置は、隠された自然の縁《エッジ》を可視化している。そうした集落のつくり方によってはじめて、きわだった集落の風景が現われる。アトラス山中の信じられないような空気の透明度。ダイナミックにそそりたつ崖。その雄大な自然景観を、さらに一層きわだたせるようにして、土の結晶体の集落が立ちならんでいた。

場所に力がある　アリストテレスの場所（トポス）論のひとつの意味をわかりやすくすると、「場所に力がある」と言えそうである。彼は、事物の運動を説明するにあたって、運動の原因は場所にあると構想した。たとえば、石が落下するのは、石が本来あるべき位置にもどろうとするからであり、火が上昇するのは、火が本来あるべき天空の場所にもどろうとするからである。場所には、本来そこにあるべき事物をひきもどす力があると彼は考えたのだった。

キリスト教圏でみた教会を頂にもつ集落は、まさにアリストテレスの図式に対応しているし、さらに一般的に見れば、求心的な空間構造そのものが彼の図式に対応している。こうした概念的な解釈を別としても、地形が集落の形態を誘起するといったような意味で、私たちは旅を通じて、「場所に力がある」をいたるところで学んだのである。

いいかえれば、集落はその場所に潜在する力を最大限に誘起するようにしてつくられている。ベルベル人の集落で見たように、農耕地の限界線の縁《エッジ》に住む空間をしつらえるのもそのひとつの例であろう。そこにはひとつの極限化された平衡状態が表示されている。

均質空間

現在、デカルトやニュートンが設定した均質な空間は、形象化の段階を迎え、都市や建築ではこの座標系をとおして見る均質な空間が実現している。鉄とガラスの高層建築はどこの部分をとっても同じ空間であり、世界中の各都市に同じ建物が建っている。学校も住宅もなにもかも同じような箱型の均質な空間になろうとしている。開発計画は山を削り、海を埋めて、自然が均質な空間であることを証明しようとする。

私たちが見ている世界は白地図であり、見上げる天空は無限に続く座標でしかない。こうした空間のとらえ方を共有してきた結果が、自然破壊であり、公害だといえる。近代の空間概念が自然に背理した根は絶望的に深く、いまやこのままでは地球が破滅するところまできている。

ムザッブの谷で、セネガルから一ヵ月かかってやってきた青年によびとめられた。彼の黒い肌につつまれた目は理知に輝いて、日本に行き飛行機をつくる技術を学びたいという。五年がかりで日本の技術を身につける覚悟だという。あの青年はきっといつか無銭旅行の果て、セネガルの近代化をになって日本に現われるだろう。下手をすると、この青年もまた日本が明治以来ひたってきた近代の空間概念を身につけてしまう。

私たちがアトラス山脈の向こうで見た自然は、私たちにとっておそらく初めて見た自然だった。地上には缶詰の空きカンも、コーラのびんも、紙くずさえも落ちていない。彼らの生活には、そうしたものがないのだ。私は長野県で育ったから、自然が豊かな場所であったが、それでも、見たのは自然が侵されてゆく風景だったように思える。美しい日本という言葉はもはや形骸化し、また、自然について語れる人もいなくなってしまった。

砂漠を通る時、そこにうずくまっていた人々を見たが、彼らは、何を考え、何を語り合っていたのだろうか。彼らには天空がどんなに見え、世界の果てがどんなふうに見通されるのだろうか。その昔、フェニキア人が「ヘラクレスの柱」をたてたころ、人々の想像力がオケアノスを見たように、砂漠や天空に今なお私たちには見えないイメージを見ているのではなかろうか。

旅の間、私たちの見たものは、どうみても自然は本来、均質な空間ではないということにつきるようだ。いま建築活動で形象化している空間概念には、どうやら見切り時がきている。科学から始まって生活にまで深く滲透した概念から逃れることは容易なわざではないだろう。しかし、かといって、近代の空間概念にかわるものを捜し日常のレベルまで落とす文化的な作業が欠けたら、人間と社会の変革はありえない。

ムザッブの谷

地中海の旅で出会った最も劇的な集落、アルジェリアのサハラの縁《エッジ》に位置するムザッブの谷のガルダイヤなどの七つの都市は、いずれもオアシスに接した小山の地形に添って住居がピラミッド状に密集してたつ。きわだった自然景観を背景に、七つの都市は幻のように私たちの眼前に出現したが、それぞれの都市の頂点にはひとつの孔があいたモスクの塔がそびえていた。そのためか集落の全貌は秘密めいた儀式の場のようによそ者の私たちには映った。近よってみれば塔はわずか十メートル足らずの高さしかない。塔がすべての住居から見えるというひとつの単純な原理によって、この高度に意図的なメディナ風の都市が形成されたと聞く。

地形に添って住居を配置するといった語り口からは、決してこのような幻想的な都市は生まれない。生産のためにオアシスを残し、荒涼たる不毛な小山の特異点である頂点を計画の原理にとりこんだ七つの都市は、自然の深さが私たちの想像力を待ちうけている様子をあますとこ

図5　ムザッブの谷の都市ガルダイヤ

ろなく教えてくれた。

自然にはエネルギー資源ではない潜在力が豊かに埋蔵されている。自然が示す縁《エッジ》や特異点そのものに潜在力がある。私たちは世界のいなかを歩く。進んだ都市空間は自然の諸条件から独立して同質化するのにたいして、いなかはその場所固有の空間の論理を残している。文化が混迷したら自然にかえる、それは絶対の原理である。私たちの内なる自然を語ることにも通じる。いまだ表現するにいたらない文化像を、暗闇のなかで指し示すには、初源的な自然へ復古し、その豊かなる表現力に頼らなくてはならないだろう。

次の旅の地である中南米の自然は切れが鈍い。縁《エッジ》が露出していない。それだけに困難な旅を覚悟してはいる。くわえて、スペインがはかった画一化がある。かなりの忍耐がいりそうである。私は集落がとりこんだ、集落の内なる自然をよく調べてこようと考えている。それだけで十分で、厳しい観察がきっと構想力を育ててくれると思う。〈一枚のスケッチ〉のための。

Ⅱ　かげりのなかの集落

——中南米——

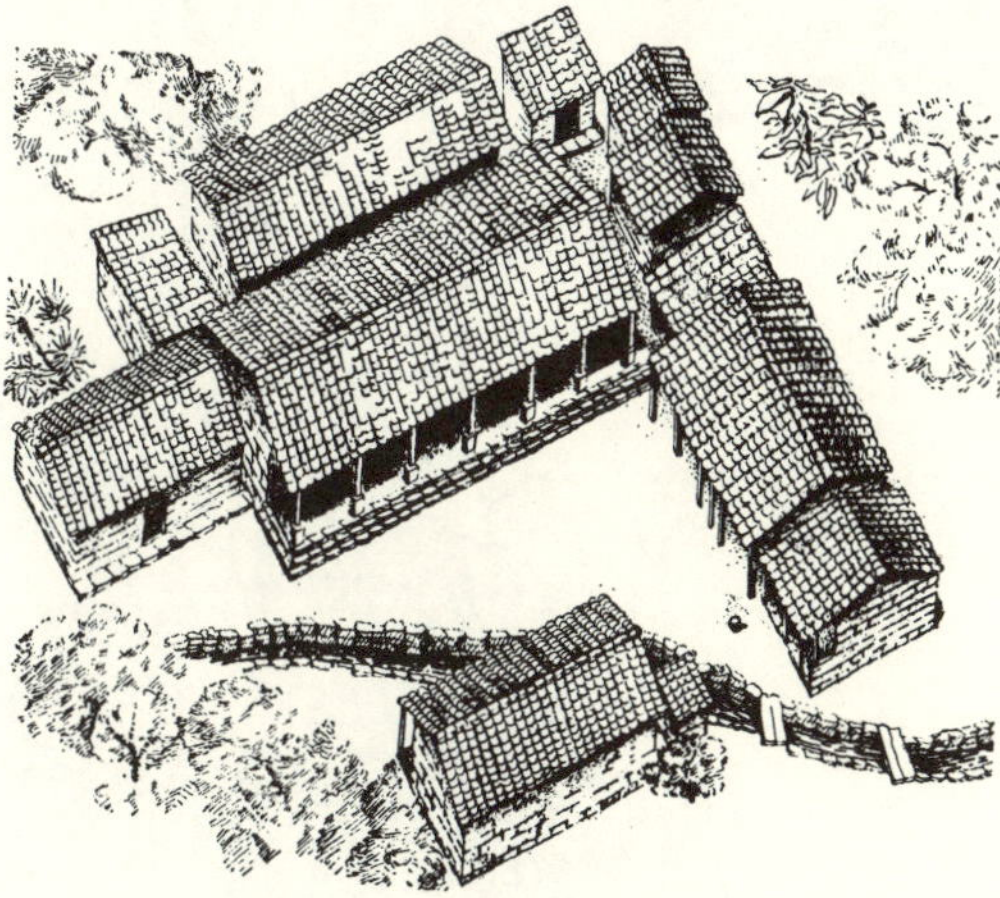

サンホルヘのクラスター集落の住居．日本の民家の雰囲気ときわめて類似している

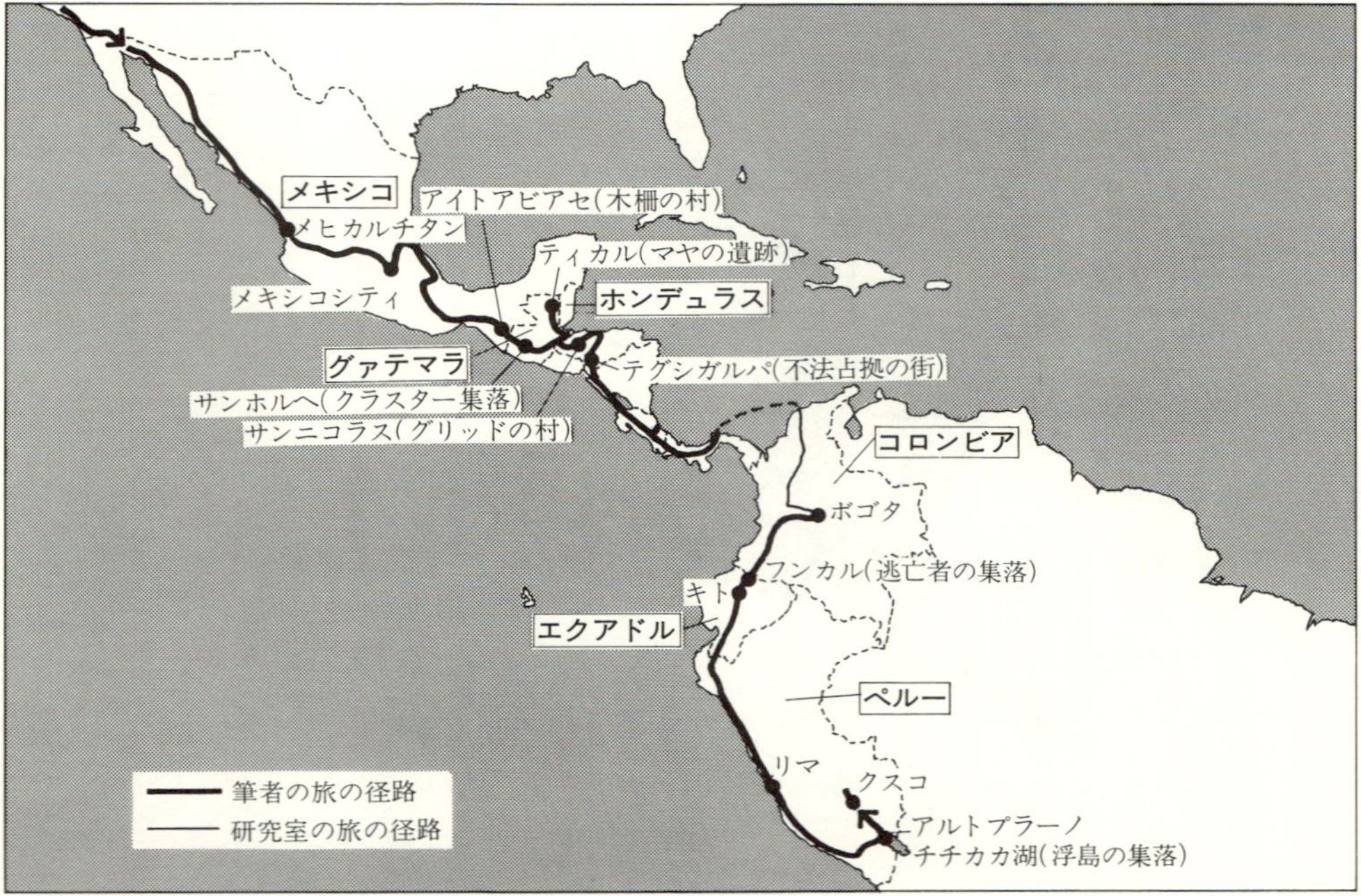
メキシコ
メヒカルチタン
メキシコシティ
アイトアビアセ(木柵の村)
ティカル(マヤの遺跡)
ホンデュラス
グァテマラ
テグシガルパ(不法占拠の街)
サンホルへ(クラスター集落)
サンニコラス(グリッドの村)
コロンビア
ボゴタ
フンカル(逃亡者の集落)
キト
エクアドル
ペルー
リマ
クスコ
アルトプラーノ
チチカカ湖(浮島の集落)
筆者の旅の径路
研究室の旅の径路

1　異種の領域の旅

不吉な予感

一九七四年三月も末に近く、私がメキシコシティに着くと、その日のうちに、ロサンゼルスから三千七百キロをこえて二台のランドクルーザーがやってきた。あれやこれやの準備があって九人のメンバーが半月ぶりに顔を合わせたわけだ。態勢を整える意味もあり、郊外の古代メキシコの遺跡テオティワカンを訪れたのはその翌日である。

私たちが遺跡を尋ねるのは異例といってよい。私たちの調査は現にそこに人が住む集落が対象である。先回の地中海周辺の世界集落調査でも、グラナダを訪れながらアルハンブラを見なかった。時間は貴重だし、精神の緊張が大切なのだ。私たちは、集落を通して、どれだけ豊かに人間や社会や文化を語れるか、またいい方を変えれば、〈一枚のスケッチ〉をえがくにたる想像力が喚起できるか、を問うている。他の対象に力を借りるのはいさぎよしとしない。が、ともかくテオティワカンに立った。

二キロに延びる対称形に縁どられた死者の通り、そこにたつ巨大な太陽と月のピラミッド、幾何学的なケツァルコアトルの神殿などからなる圧倒的な構築を展望して、その建築的生成に驚嘆するというより、旅に出る前からの不安な胸さわぎが不吉な予感に変っていった。

テオティワカンにはなにかしら暗いかげりがあって、それが私を不安にする。造形が神秘的というのは当をえてない。空間構成は明快で、エジプトの神殿などと類似しているし、計画の建築的意図は手にとるようにわかる。けれども微妙な構築の集積は、照りつける太陽の下でも冷え冷えとしている。それはなにかしら感覚をよせつけず、感情の同化を拒絶するふうに映った。私の眼の透視力をはばむ厚い層を感じる。これから走りぬけるメキシコやマヤやインカの文化圏についてはほとんど知るところはない。どこにどんな集落があるのか見当もつかない。

拡散する集落

旅に出る前、自然を厳しく見てこようと焦点をしぼった。集落にあらわれている自然を語ることができれば、おのずと集落も語れるにちがいない。しかし、これから現われる自然をうまくとらえられるだろうか。それはいってみれば構想力、想像力の問題である。問われるのは自然ではなくて、私の眼なのだ。すでにいまテオティワカンには不透明なベールがかかっているではないか。ヨーロッパは当然ながら、イスラム文化圏でも、私の眼は有効であった。私たちの眼は日本を見るよりも、ヨーロッパやアラブを見るのが得意であるように育っている。それが近代の眼というものだ。私たちはこれからパナマを渡りアンデスを走って、ペルーのリマまで、およそ一万六千キロ旅するのだ。その旅で私の眼は現象をただしくとらえるだろうか。

テオティワカンの不吉な予感は現実となった。メキシコからグァテマラに向かう道で、川に添い下ったが、荒涼としたメキシコの地には貴重なこの水系は、みるからに人々の生活をはぐくみ、豊饒な農耕を保障して、水域の境界にたつ構造のたしかな集落の出現を思わせた。集落調査の経験からすれば、こうした自然条件のもとでは、規則ある住居の配列をもち、全体としての領域境界が明確で、建築的考案に飾られ、風景を自然から切りとってそれ自体自然の縁《エッジ》となるような集落が必ず現われる。私たちは待った。しかし両側にせまる頑強な山々はいつになってもふところをつくることなくそそりたち、川はかろうじて数戸の家族の命を支える洲しか用意しないまま突然広い台地に流れだし、そこには緊張なく拡散する集落が待っていた。

私たちは海辺の集落を探した。陸の径がせまい中米では、朝に大西洋岸に立ち夕べには太平洋の波音を聞くこともできた。あるいは岬が突出し、あるいは断崖がそそりたち、あるいは湖と海とが交錯していた。地形的にはまたとない自然の非連続点を探して、私たちは走った。こんな地点に立つ集落では、住居はたがいに寄り添い、自然を栽培するようなかたちで建築され、自然の非連続性をいっそう明確にするのが常である。それが構築する精神というものである。たしかに集落はあった。が、あったのは力なく並ぶ住居の集合だけであった。

社会化した自然

自然そのものはどうであったか。陽は打つように照りつけ、夜は冷えた。地形の呼吸もはげしく、海に出たと思えば次の瞬間には高原にたち、高台を走っては渓谷を下った。湖のなかから火山が突出し巨大な断層が走る。けれども見かけの地形変化の豊かさに比して、ペルーを除けば、自然の切れが悪かったのは、ひとつには豊饒な土地が少なかったからであろうか。南フランスやモロッコの地中海側に走るあの実りを約束する女性的な大地の曲面はついぞ見ずじまいだった。かわりに骨ばっていささか滑稽味のある曲面が地表を覆っていた。

こうした地球上の領域でこそ、本来なら人間は寄り添って住み、自然の潜在力を巧妙に誘起して集落を築き、自然を節づけて社会化した自然を描ききらねばならないはずだ。生《なま》の自然はいずれの場所も等価である。集まって住む人間は、その等価の自然に彼らの社会をかぶせることによって非連続的に領域づけてゆく。人間が自然を育てる過程で等価性が崩れるとき、自然は社会化され風景が変る。観察者は新たな風景から逆に、その社会がどんな社会かを推測することもできる。自然を新たな風景に描きかえる大きな要素として集落がある。きわだった集落はその組みたてのうちに、自然をどう分有し共有していったかを不可避的に表現してしまう。自然条件が厳しければ厳しいほど、その表現は適確になるのではないだろうか――。こんな想定も旅の先々で裏切られていった。

輝いた集落の不在

もともと世界集落調査の第二回目として、パナマ運河を要《かなめ》とした中南米を縦走する地域を選んだのは、そこに古い文化があるからではなく、ふたつの大陸の結節点という地球上の数少ない特異な点の周辺を見たかったからである。最初の調査でジブラルタル海峡を要とする地中海周辺を対象に選んだのも同じ理由からである。しかし、ふたつの要を比べてみても、両地域はちがっていた。ジブラルタルはその昔、フェニキア人が立てたと伝えられる「ヘラクレスの柱」で象徴されるように、そこでふたつの大陸が対峙しており、〈世界の門〉としての地形的構えをもっている。パナマの要はかろうじてふたつの大陸をつなぐ貧相な細い架け橋でしかなかった。ジブラルタルは、ミレトスの旅行者ヘカタイオスからはじまる数多くの物語で散りばめられた万華鏡を通して見ている。

それに対してパナマの架け橋を見る私たちの眼には、逆に、テオティワカンの不透明なベールがかかっていさえする。私たちの眼が確かならば、この貧相な架け橋のなかにも、くみ尽せない意味と感激を見るにちがいない。中南米の大陸にも、ヨーロッパやアフリカと同様に想像力を喚起する力が埋蔵されているとしか思えない。そうでなかったら、千年余の時に耐えて集落の形態がそのまま保持されているはずがない。そう信じて私たちは、チームを二手に分けることまでして、予定より多くの距離を走った。けれども全路程にわたって、輝いた集落はでてこなかった。

異種の領域を旅したのだ。輝いた集落の不在こそ私たちに眼の変革を訴えている。それは私たちがよって立つ基盤そのものをも廃棄することを要請しているのかもしれない。

2　移植型集落と土着型集落

数百万戸あるいは数千万戸の住居の間を、私たちは走りぬけた。海辺の集落、山岳の集落、土の集落、石の集落、マヤの集落、インカの集落——旅の印象は十重二十重に錯綜しているが、もし多様性に裏打ちされた個別的な集落論を書くとすれば、たとえそれらの集落が構築的でなかったにせよ、ひとつの世界を表現するであろう。

コロニアル・スタイル

しかし、旅の全経路を通してみると、どちらかといえば多様な変容は影が薄まり、むしろ全域的なひとつの骨格が印象づけられた。あまりにも単純な図式で、あるいはリアリティ欠如のそしりをまぬがれえないかもしれない。その骨格、図式とは、ふたつの要素からなる一枚の住居密度分布図で、密度の濃い集中点がスペインが中南米の地につくりあげたコロニアル・スタイルの都市あるいは町、密度の薄い中間地帯が土着性の強い離散的な集落である。密度の濃淡はあたかも波動のように周期的に繰り返されて、メキシコシティから始まるこの波動は、遂にペルーとボリビアの国境チチカカ湖まで達する。

この単純化された図式は、いまや関心が構築的な集落の不在にしぼられたとすれば、たとえ過度の単純化、文化的ニュアンスの無視などを犯しているとしても、採用してかまわないだろう。そのほうが印象に忠実であり、全体的把握により接近している。しかも、図式に示された単純性がこの地域の特性であると私には思える。

それはなによりも、この地域がおしなべて、十六世紀以降ひとつの国家スペインによって侵されたことに起因している。私たちの調査では、集落の発見は、多分に偶然性によっている。主として幹線道路添いに限定されてもいる。しかし、スペインがこの地域にもちこんだコロニアル・スタイルの都市や町あるいは村は、少なくとも私たちの旅程、中南米の北緯二〇度から南緯一五度まで、アマゾン流域やアンデスの山奥を除けば、いたるところに分布しているといってよいだろう。

住居の密度が高くなるところ、即ち方形プラサ(スペインの広場)を中心とするグリッド・プラン(格子状プラン)のコロニアル・スタイルである。大はリマやメキシコシティから、小は山奥の村に至るまで、この都市形態の滲透力は見る者の恐怖を誘う。私たちはまったくのところこのパターンには辟易した。けれどもこの画一的な都市の遍在的な分布が指標となって、広域的な住居の集合の骨格をとらえることができるわけだ。コロニアル・シティの間では住居の密度は薄くなる。中心のプラサを離れるに従って住居は分散的になり、徐々に姿を変えていって、やがて土着性の強いインディオの集落が現われてくる。

コロニアル・スタイルの画一性にたいして、インディオの住居は場所によって、種族によって多種多様である。しかしコロニアル・スタイルに対比すれば、全てのインディオの集落はひとつとしてとらえることができ、旅の全域にわたって対極的なふたつの要素の濃度分布からなる図式が描けるわけだ。旅をしていると、このふたつの住居の分布を繰り返して通り抜け、まるでひとつの波動にのって移動しているような感じになる。

地図上に方形のプラサを適当な間隔で置く。その周辺にパチオ(建物や壁で囲まれた中庭)をもち壁でかこまれた住居を、プラサに近くは密度高く、離れるに従って密度低く配置する。その中間点に、さしたる集中点なくあいまいに、インディオの住居を離散的に分布させれば、図式は完了する。

コロニアル・スタイルは、スペインが理想都市として持ちこんだ、文化塗りかえのための都市パターンである。プラサは多くは庭園風で、周囲にコロネード(柱廊)をめぐらすのを旨とする。大都市の場合は、ふたつのプラサがあって、ひとつは庭園風広場、ひとつは儀式的広場にあてるスペイン独特の構成である。街路は格子状で、道路に添って家を配置すると各ブロックに大きなひとつの中庭ができる。これを各戸で分有してパチオとする。スペインはこの都市形態一色に植民地を塗りつぶそうとした。そして実現したのである。

理想都市の移植

ホンデュラスの山中でサンニコラスを訪れたが、そこは狭い谷の町で地形はV字型である。この地にグリッド・プランを被せれば、ほとんどの道は川で分断され、道路網は焼きされた餅網のようになってしまう。しかし、スペインは断固グリッド・プランを実施した。今でも対岸には結ばれない道路が向かいあったままである。彼らは山の稜線にも、頂点にも、斜面にも、断固としてコロニアル・スタイルひとつをもってのぞんだ。道路は切断され、格子状パターンは崩れ、街区には家が埋まらず、ひどいところでは一ブロックに一軒しか家が建っていない。貧しさゆえに教会がかきわりのファサード(正面)だけになっても、庭園には樹木が植えられなくとも、コロネードが三、四本しか建たずとも、断固としてコロニアル・スタイルである。

これはまさに近代の空間の均質性の体現、その先駆であり、普遍的空間、インターナショナル・スタイルの元祖である。後に今世紀に入って、建築空間として具体化した均質な空間は、都市計画においてはすでに四百年前に中南米を襲っていたのである。そしていくつかの大都市を除けば、あらゆる場所で破綻をきたした。

コロニアル・スタイルをヨーロッパのキリスト教典型集落と比べれば、前者の建築上の破綻は明らかである。母国スペインの最も魅力的集落でさえ、グリッド・プランは採っていないのだ。そうした魅力的な集落は、広場と各戸が自然条件を媒介として緊密に一体化し、風景を自然から切りとっている。地形上の高さ、生産地との関連などが配慮されて集落の位置が選択され、中心広場と各戸との対応関係だけを原理として形式にはこだわらなかった。それゆえに内部秩序を維持する規約が物象化した集落をつくりあげることに成功したのだった。だがコロニアル・スタイルの都市はちがう。場所のもつ潜在力を無視し、住居プランと広場との、あるいは生産地との対応を考えなかった。両者とも支配の手段として計画された都市にはちがいない。けれどもキリスト教典型集落が、空間のはたらきを生活と同調させることによって秩序維持をはかろうとしたのにたいして、コロニアル・スタイルは、空間の形式をもって秩序維持にあたった。破綻が生じたのは、コロニアル・スタイルが都会を造るための形式であったにもかかわらず、あらゆる場所にもちこまれたためである。都会になりきれなかったほとんどの場所では、〈形式〉が荒涼とした自然にもうひとつの荒涼とした風景を重ねることになった。

土着性の強い集落

さきほどの単純化した図式からコロニアル・スタイルの都市や集落を全て消したときにあらわれる分布、それが私がテオティワカンの遺跡で見たあのかげりの写しである。この濃度の薄い住居の分布の中間ゾーンは、何ひとつ構築的な集落を用意していないが、この地帯を認識させる独特な情景、場面を豊富に見せてくれた。メキシコで、ピンクの薄手の布を肩からかけた男たちにはじめて出会ったときは驚いた。腰にはやや刃幅の広い刀を下げている。これはどこかに儀式でもあるのかと思ったくらいだ。

ところが集落へ行くと、男たちはみんな同じ装いだ。ユニホームなのである。インディオたちは例外なく小柄だから滑稽味がある。表情は総じて明るくはなく、私たちの意がそう簡単には通じないといったまなざしを注いでくる。インディオはそれぞれの言語域にわかれていて、日常的には独特の言語を使っているから、土着語を知らない私たちは、彼らがさし出す子供の通訳を介さなくてはならない時も多い。導入路がちょっとわからないほど閉鎖的な深い森の中の集落へ行ったときは、用心してあれこれ策をねって行ったものの、白いユニホームの抜身の刀を下げた多勢の男たちに狭い広場でとりかこまれてしまった。あわやというとき、白人の美少女の小学校教員が分校から現われて救われた。

この純粋には離散的とはいえない村では、よほど私たちが奇妙だったらしい。女子供はものかげからこちらをみんなしてうかがっている。おびえているのは私たちなのだが、近づこうとするとやどかりのようにさっと家の中に身を隠す。男たちは戸外に出て働き、女性は一生家に居て忙しく働くそうで、家と女たちは一体という印象をどこでもうける。

服装に関しては、チチカカ湖の周りのケチュア族だろう。ここの女たちの姿が出色である。原色を散りばめた服はインディオではさして珍しくないが、大きな風呂敷でものをつつんで背負って歩く。それに半球形の茶色のつばがついた帽子がなんとも可愛らしい。老婆までこの帽子をかぶっている。日本人なら十歳までというところである。美意識というか似合いの感覚というか、私たちとはかなりのへだたりがある。

　服装がユニホームをもつように、住居もまた規格化されている。規格寸法はいずれも彼らの体つきに合ってか小さい。材料は種族によってちがうが総じて分棟形式がとられ、前庭を囲む傾向がある。各棟は小屋といった感じで、これが種族ごとにスタイルをもっている。分棟には全域を通じて規則性があって、まず寝室と厨房にわかれる。ただし大家族制を敷く集落では夫婦ごとの分棟がこれに先行するようである。床は土間で、ベッドを使用する場合も少なくない。厨房といっても極く簡単なもので、ただ石を三つ置くだけですませてしまうこともある。所有物は少ない。生活の近代化を思わせるものもこの中間ゾーンにはほとんどない。強いて言えば、店でコーラを売っているくらいか。

　マグレブの原住民などと比べても、インディオたちには融けこみにくい。彼らの表情がうまく読みとれない。彼らの住居内立入りの拒絶はかなり徹底していた。ペルーの標高四千メートルの高台アルトプラーノでは、三日間あちこちと頼んでみたが拒絶され続け、結局調べることができたのは廃屋ばかりであった。私たちがインディオの家の中を測定できたのはタイミングの良さ、かなり孤立した家の場合、なんらかの援護者がいた場合に限られる。地中海周辺の住居を調べたときは子供が最大の味方で、いたるところで子供たちにとりかこまれ、彼らに先導されてどこでも調べられたのに、ここでは子供たちも寄ってこない。ある時は、教員が教え子の家に私たちを連れていって頼みこんでくれたが、長時間ねばったあげくに拒絶されてしまった。

強固な共同体意識

この中間ゾーンにも教会は入りこんでいる。しかし、住居の離散性が強い村では、教会は中心を占めないで集落の傍に追いやられる。私は宗教に詳しくないが、メンバーの一人である昭和女子大で比較文化を専攻する佐藤澄人氏の説明によると、マリア信仰が多く、祭式はおよそカトリックらしくなく、むしろ土着宗教の香りが強い。ある教会では、どぎつい原色の布の飾りの中で土間床にろうそくをたて、女が祈っている様子に呪詛の影があった。あるいは教会に半円形の紙細工を幾重にも下げていたが、それは明らかにカトリックのしつらえではなく、マヤの装飾であった。

彼らの共同体意識は、おしなべておそろしく強固である。衣服や住居の棟の一様性からして推測できるし、現にこうしてあの圧倒的なスペインの波を寄せつけず中間のゾーンを張っていること自体、強い共同体がある証しとなる。彼らは近代化からとり残された部分だろうか。単純化した図式のふたつの要素は、進んだ部分と遅れた部分という説明でよいのか。そうではなくて、近代を受け入れざるを得なかった部分と拒絶しきった部分といった説明がより納得できそうである。では、拒絶しきった構造とは何か。あるいはまた、集落のなかに中心なく共同体を持続する構造はどんなものなのか。

これまで私たちが見てきた持続力のある集落は、中心の形態上の差異はあるものの、いずれも自然を媒介とし、住居との緊密な結合によって中心をつくりあげ、その総体の空間の制御力に頼っていた。単純化された図式を語りきるためには、中間ゾーンの離散的な住居配列を見透してゆかねばならない。そのためには、わたしたちの眼を転換させてゆく契機が要請されている——想像力が開かれる契機が。

3 ティカルの集落

ユカタンのジャングル

ティカルの遺跡は、いまでは飛行機で行ける観光地になっている。ティカルへ行こうと決意したのは、それが低地マヤの代表的遺跡であったからではない。ユカタン半島のジャングルを見るためのひとつの目標地点であるからに過ぎなかった。

グァテマラ中央高地からメキシコ湾にそそぎこむモンタグワ河に添って下ってきたとき、突然ひらけた低地はしゅろ葺きの住居を育てていた。このタイプの住居がジャングルのなかで密集し都市をつくっていたらと想像すれば、片道三百三十キロの悪路を行く労苦も軽くなる。しかし、すでに私たちはそうした集落が現われないこともなかばわかっていたのだった。

ユカタンの熱帯性密林は意外に明るかった。高木層にはマホガニイ、サポディラ、ブレッドナットが茂り、高さは一説には四十五メートルにおよぶといわれているが、私たちが見たところでは平均すれば三十メートルほどであるように思われた。ユカタン半島のつけ根では起伏があって、突出部にも密林が這い登っている。ところどころに空洞があって、そこに住居が数戸から数十戸といった規模で集まっていた。空洞は、とうもろこしの栽培のために密林をひらいた跡である。

マヤの文化圏では、ずっと昔から、伐採―焼畑―栽培―休耕のサイクルが繰り返され、高地低地を問わずいまなお唯一の耕法であるとされる。とうもろこし畑(ミルパ)は、たとえば私たちが通ったユカタン半島のペテン地域では、二年収穫すれば四〜七年休まなくてはならない。空洞の背には密林がせまってきている。やはり密集した住居の集合はなかった。

ティカルのテンプル

ティカルのテンプルⅠとテンプルⅡ、ふたつのピラミッドが対峙するグレイト・プラサに足を踏みこんだとたん、そこにはあのテオティワカンで見たかげりがぐっと色濃く彫りこまれているのを私は見た。なんという構築であろうか。ギリシャのパルテノンやゴシックの寺院、イスタンブールのモスクやジブラルタルに立っていたといわれる幻の「ヘラクレスの柱」、それらのイメージが私の脳裏を駆け抜けた。ピラミッドが相対するこの広場、これほど自己完結的な広場は他に類がない。ピラミッドの急激な勾配、そこを一気に石段がかけ登っている。異常な勾配である。そのため構築的な諸要素の幾何学的な配

図6　マヤ文化の遺構ティカルのテンプルⅠ（鈴木悠氏撮影）

列は見えてこず、むしろ暗い律動が支配的だ。古代の人々はここで何をしたのだろうか。

広場から離れてテンプルⅣに登ったとき、眼前に渺茫たる緑の平面、地平が開けた。テンプルⅠ、Ⅱ、Ⅲのピラミッドの頂きにのる祭壇だけがその地平、密林の樹冠面をつきぬけて直立している。ここに展開する風景は、キリスト教文化圏の穏やかでしかも縁《エッジ》がある風景とはかけはなれて、なんの縁《エッジ》もなく、ある種、狂的なイメージを誘起する。これはピラミッドではない、世界を展望する望楼だ。

石灰岩のユカタン半島は、古く

海底にあった。地殻の変動とともに浮上して、やがて密林に覆われ人が住んだ。しかし密林に住む人々にとっては、三十メートル余の樹冠面は海面と同じではなかったか。密林の空洞から見上げる空は、海中から見上げる水面のように、局部的に明るかっただろう。海面から抜け出て世界の全貌をとらえること――西欧では天体モデルが描き続けられていたとき、低地マヤでは人々は、世界に臨む望楼を築いていた。広場で感じた暗い律動は、緑の水平面を突き抜けようとする力、そのおののきのためだろうか。かつてこの望楼に登った少数者の語り口は、今も変らぬ風景からして想像に難くない。おそらく狂気と恐怖をふくんだ言葉だったにちがいない。

その語りの残響がいまも広場にこだまする。この巨大な望楼を築いた動機は、それが原始のあるいは古代のいかなる表現を借りていたにせよ、世界に孔をあけたいという願望であったろう。そのための労苦を人々が強制されたというより、むしろ人々はすすんで構築に加わっていったにちがいない。

しかし、一度望楼が築かれ、少数者がこれを占有し、彼らだけが世界を展望しては広場に狂気を響かせたとき、とうもろこし畑に生きる人々には望楼のある儀式中心《センター》はどう映ったであろうか。世界を知る者の声であると同時に日常の平穏をかき乱す声が響いている。人々はこの声に耳を傾けて、忌み嫌ってそこを離れて立ちたいとは思わなかっただろうか。

異質な中心

この遺構が人々の生活の中心であった頃、住居の分布はたかだか一ヘクタール当り一家族だったことが発掘によって知られている。この巨大な構築物のまわりには、今とさして変らぬ離散的な住居の分布しかなかった。そうだとすれば、ティカルは、西欧やアラブ、そして多くの他の地域とは異なった性格の中心《センター》である。

普通なら中心は引力の場を張る。古代メキシコのテオティワカンすら強大な引力を誇ったのである。低地マヤの、さらにそのなかの限定された遺跡についてであろうと、この中心がもつ特異な性格は重視してよい。この中心は、一般の人々にとっては少なからず忌み嫌う対象としての属性をもっていた、あるいは、見方をかえれば、支配の技術として人々を近づかせないイメージをつくりだし、そうすることによって人々を統御していたのかもしれない。

事物にはそうした意味を生みだす力がある。それは十分識られつつも、よく言語の上にのらない事実である。検証を軸とする近代の論理がこれを排斥し、想像禁止令をしいている。近代の論理なき時に生成した事物を、近代の方法がよく説明するものなのだろうか。ティカルの自然とそこに生まれた構築物から、離散的な住居集合を遠望する手がかりとして透視図法を得たように思えるが、いまではその図法を支える論理と言葉は十全でない。やはり〈一枚のスケッチ〉の領域にいちはやくティカルの風景を送りこむべきであろうか。

しかし明らかに異質な〈中心〉概念がティカルを軸に浮上してきて、構築的、幾何学的なる感覚からすれば不毛に見える離散的住居集合を、ひとつの意味ある類型として見なさなければならなくなってきたようである。そして、かつてこれほどまでに建築力を誇った民族が、スペインの到来以後彼らの中心を建てることなく、しかし日常の生活を住居集合だけはさして昔と変らず継続してきているところから、コロニアル・スタイルと土着的住居集合の図式のなかに、古代の中心であった遺跡群が強引にわりこんできて自らをプロットし、三つの要素からなる新たな図式を描いて、しかもそれらの共時性を要請してきた。

4　さまざまな集落

特異な集落

旅の経路上で、私たちは個性的な集落に出会わなかったわけではない。これから述べる〈木柵の村〉や〈黒人逃亡者の集落〉や〈浮島の集落〉は、きわだった特性をもつ集落である。〈不法占拠の街〉は、中南米の多くの都市で見られる、いわばある種の形式であるが、ここでふれようとする特異な集落は、私たちが訪ねた範囲では、それらと同じような集落は見出せなかった。いわば、突然変異のようにしてできたものである。それだけに、面白い集落であり、見た瞬間に、特性がつかめるような集落である。その意味では、たいへんわかりやすい集落でもある。

特異な集落がつくられる原因をさぐってみると、いくつかの類型があることがわかる。そのひとつは〈黒人逃亡者の集落〉のように、周辺の集落とは全く異なった条件のもとに発生した場合である。アフリカのムザッブの谷の小都市群も、逃亡者たちがつくった例であった。もうひとつは、特異な集落が大がかりな仕掛けによって支えられている場合である。このときは、周辺の集落は地形などのちがいで大がかりな仕掛けを必要としないか、あるいはもっと簡便な仕掛けですましているかのいずれかである。前者の例が〈浮島の集落〉で、後者の例が〈木柵の集落〉であり、ともに周辺の集落からきわだった存在になっているといえよう。

私たちが走った道筋からはずれたところにこそ、こうした特異な集落が数多く隠されているのだろう。中南米には、特に隠された集落があるような気がする。ただ、それらの集落を捜し出すためには、本格的な探検隊を組まなくてはならないだろう。

特異な集落に出会うと、ほっとする。それは中南米の旅では、行く先々で集落の形式が変わらないからである。先回の地中海周辺の地域では、キリスト教圏の集落、ベルベル人の集落、メディナなどの諸形式に行く先々で出会い、それら諸形式のなかでの特色ある変形に数多く出会った。それに比べると、中南米の集落の旅は本質的に単調であり、それだけに特異な集落に出会うと、喜びもひとしおなのだ。

私たちは木柵のある村を見つけた。珍しく松林の高原風のおだやかな自然で、山を背に家が

図7　木柵の村(鈴木悠氏撮影)

点在し、教会は木柵の外に追いやられ、それを囲んで木柵は幾重にもならんでいる。長く、錯綜して、どこで切れているのか、つながっているのか、容易にわからない。人気のない静かな村で、迷路パズルの中に入ってしまったようである。住居は広い囲みの中に一戸あるいは二戸、さらに小さな木柵にかこまれて立っている。家々の囲いは二重になっていて、その間が家畜の領域である。

私たちは住居の外側の囲いの間の細い道を歩いている。その細道は広いあき地につながっていて、そこには共同の井戸があるだけで他にはなにもない。しばらくすると幾重もの木柵をとおして、あちこちの家の奥から凝視されているように思えて恐怖を感じた。マグレブのメディナの壁の迷路とはちがって、文字通り檻のなかに置かれてしまっている。

これもまた集落を守るための天才的考案である。侵入者を見張るための空間的装置ができている。この見張るための構造は離散的な住居配置に共通した性格である。私たちが住居を測定するために家に近づくと、その囲りの人々は総出で出来事のなりゆきを見守る。彼らは自分の家の外に立って見守るだけで決して近寄ってはこない。声をたてることもない。住居内部への立入りと測定の承諾を得ていても、沈黙の凝視者たちの圧力で必ずといってよいほど承諾はとり消されてしまう。私たちは測定途中で止めなくてはならないこともあったりした。〈木柵の村〉は離散的配列の本質を暗示する村であった。いずれ離散的集合のモデルが確立されたとき、そのなかに吸収されてゆくだろう。

クラスター状の村

グァテマラのアティトラン湖のほとりでは、クラスター(房の意。ここでは庭を中心とした複合住居)状の村を発見した。湖に向かって急激に落ちる斜面に地形上の柵ができていて、そこに教会広場がある。住居は斜面に樹木に隠れて分散している。数戸の棟が前庭を囲み、そこへ教会広場から通じる小径が結ばれる。住居は大家族制で、夫婦の単位で棟を使いわけている。棟は珍しく端正で格調が高い。村のはずれには確かな造形の共同の洗濯場がある。教会は土着の厚味があって力強い。しっかりした共同体の構えである。

これほど完全なクラスター配置は、私は見たことがない。それ自体ひとつのモデルを造りあげている。住み手は原地語を話す純粋なインディオである。住居の前庭と中央広場との対応かららすれば、キリスト教典型集落のモデルと同じである。しかし、キリスト教典型集落では分散型のクラスターは組まない。もっと家と家とは接近して住む。中心の性格はまったく異なるが、日本の島集落には、これと似た住居配置の仕組みをもつものがある。

建築の確かさ、中心志向性、閉じた領域、離散的配置などを総体的に把握してみると、この村は住人はインディオだが、明らかに建築的メスティソ(白人とインディオの混血)である。コロニアル・スタイルにはみることができない文化の融合に成功した例である。これと同類の意図はあちこちに見たが、多くは文化の融合には失敗している。この小さな村が成功したのは、自然の小さな縁《エッジ》と集落の組み立てとが同調することを読みとった計画者がいたからであろう。

〈不法占拠の街〉など

中南米の都市の特徴のひとつに、市街地にへばりつくようにできている〈不法占拠の街〉がある。ここに住む人の数は、決して少数とはいえない。不法占拠でつくられる住居集合は、バリアーダあるいはファベーラと呼ばれる。リオデジャネイロのファベーラなどが、日本では映画をとおして知られている。私たちは、テグシガルパのバリアーダを調べた。簡単な材料でつくられた住居が渾然一体となったスラムには、雑然としてとりとめもない感じがある一方、不思議な秩序がある。この秩序は、複雑にして多岐にわたる多数の要素の同時存在を許すものである。これからの建築活動では、大きな関心が寄せられていくと思われる。

中南米の調査に先だって、コロンビア、エクアドル、ペルーを下見のために訪れたことがある。そのとき、エクアドルの山中で、バスのなかから美しい姿の集落を見つけた。清浄感がただよう谷間に、その集落は桃源郷のように立っていた。調べてみると、その集落は、太平洋岸あたりに住んでいた黒人たちが逃亡した先に築いたものらしかった。今度の旅では、後半二手に別れたので私は訪れることはできなかったが、研究室の別のグループが詳しく調べてきた。逃亡者の集落といえば、サハラ砂漠の縁《エッジ》のムザッブの谷の小都市群もそうなのだが、このフンカルの集落にも非現実的なたたずまいがある。別世界が築かれるのだ。

図8　テグシガルパの〈不法占拠の街〉

図9　エクアドルの〈黒人逃亡者の集落〉(鈴木悠氏撮影)

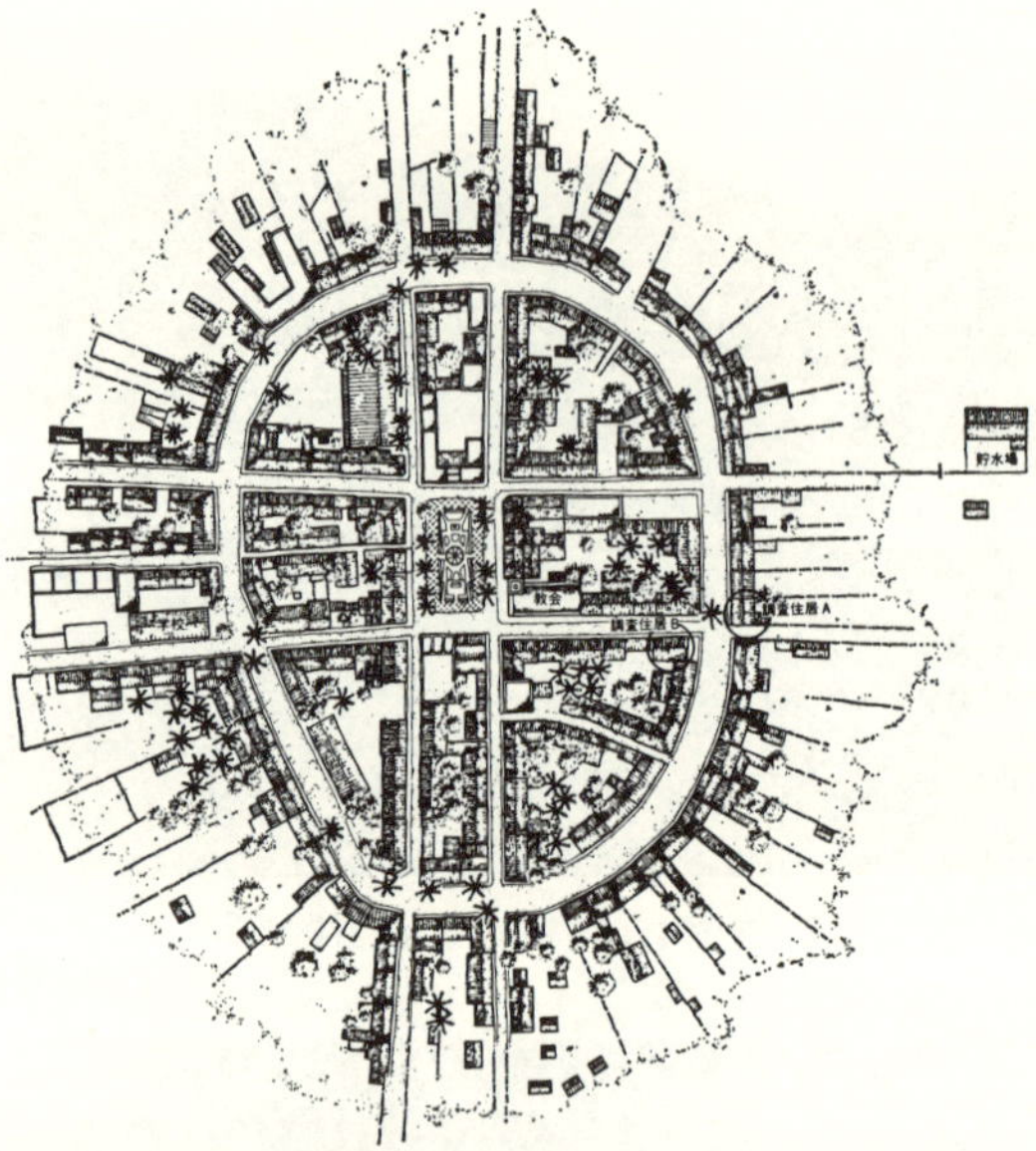

図10　メヒカルチタン

地理学的にもよく知られているメヒカルチタンの集落は、メキシコの太平洋岸にある。研究室の先行班が、ロサンゼルスからメキシコシティまで、ランドクルーザーを走らせてくる途中訪れた集落である。私自身は訪れたことはないのだが、次に述べる〈浮島の集落〉と並ぶ不思議な村なので、少し触れておきたい。この集落は、直径三百メートルの島で、船でしか行けない。雨期になって水位が高くなると、なんと道路が水路に変わってしまい、人々は家と家の間をカヌーで行き来するようになるのだ。しかも、幾何学的なコロニア

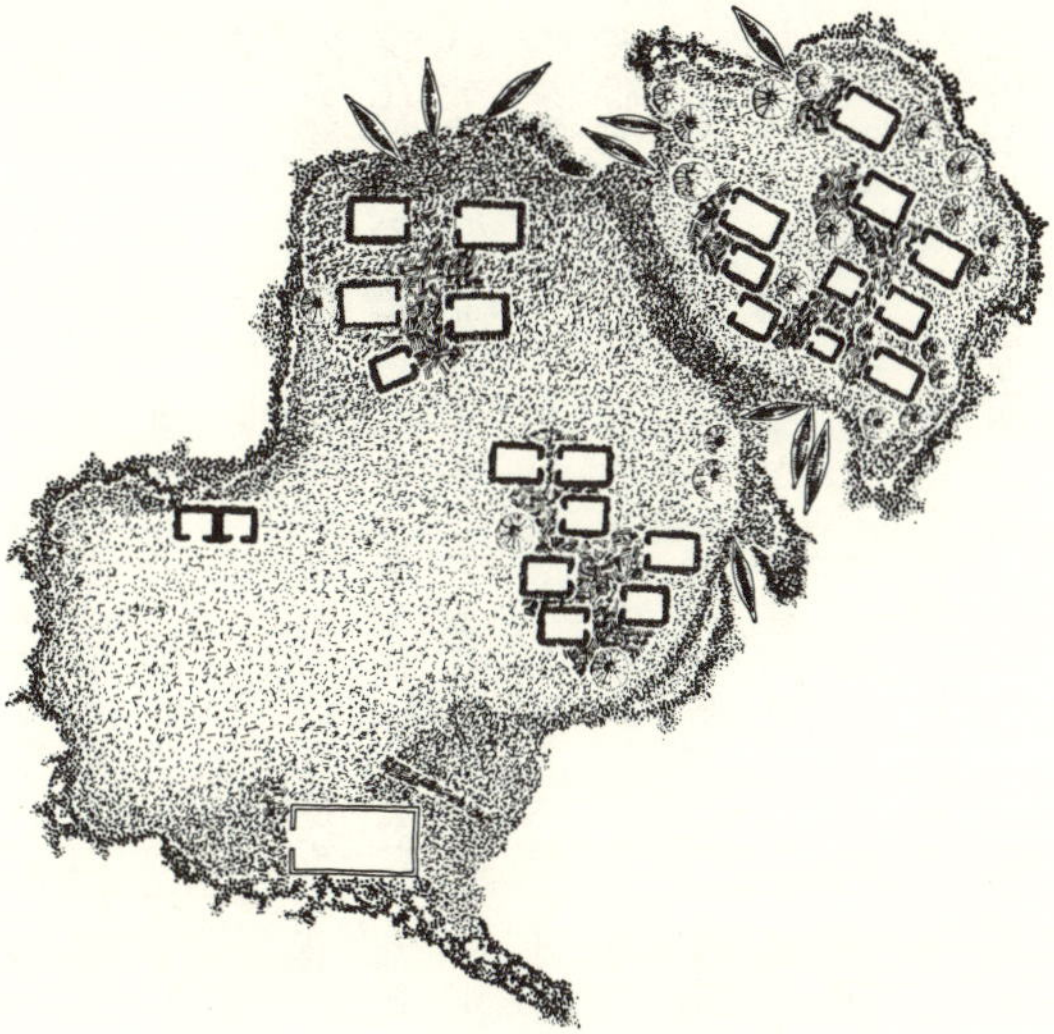

図11　チチカカ湖の〈浮島の集落〉

ル・シティの構えをしているのである。物語にしか出てこないような集落だ。

物語にしかなさそうな集落という意味では、チチカカ湖の〈浮島の集落〉もメヒカルチタンに負けない。『ガリバー旅行記』のなかに出てきそうな集落である。標高四千メートルの位置に、大きな湖があるだけでも驚かされるが、そこの湖を浮遊する浮島に、人々が住んでいるのである。住居は小さく、芦で作られた簡単なもので、テントといった感じである。浮島の上に、そうした軽い住居が並んでいる姿は、自然と人工の区別と融合のきわどい表現になっている。人は、なぜ浮島に住むようになったのであろうか。非現実的な虚構の世界を、浮島に見出したのだろうか。

都市型住居

ペルーの太平洋岸の風景は、メキシコからエクアドルの風景に比べれば断然切れがよくなる。砂漠が突然海に落ちて、寄せくる荒波と拮抗している。ここでは太平洋はつめたく、無機的で、陽は照りつけてもあたりは冷えびえとする。まるで幻想画を切るように私たちは走った。

五十数本の河がアンデスから流れきて砂漠をけずりこみ、肥沃なオアシスをつくる。古代、文化はこのオアシスのなかや縁に栄えた。たとえばチャンチャンは城塞都市を生んだのである。いま、この地帯にはさまざまの集落がある。オアシスの縁に立つ集落。オアシスの農耕地に立つ集落。砂漠のなかの集落。あるいは海と砂漠の交線上の集落。それらはさまざまの成立因と住居配列をもち、自然背景も加担してそれぞれに興味深い。

これらは共通したひとつの住居タイプが要素となり、配列のヴァリエーションとしてできた集落群である。要素となる住居は、前方に陸屋根の建物部分があり、これに後から壁とほぼ同じ高さの塀で囲まれたパチオが、原則的には建物と同じ幅で結合したパターンである。

このタイプは並列的に連結する性格をもち、本来都市型住居である。しかもパチオをもって住居としての自立性が高いから、どんな場所にも、直交系の配列ならどんな配列にも、適応性を示す。それだけに強い中心をつくる配列には向いていない。連結方向が限定されているために結合力がとぼしい。チャンチャンやインカファシの直交系の配列の整合性との連関が遠くに見えるように思える。この住居プランはそのまま現代都市にもちこんでも有効である。実は、このタイプは現代の中南米の大都市でかなり見られる。

5 離散型集落

住居の離散的拡がり

グァテマラ中央高地のおびただしい量の住居の離散的広がりを展望して思わず、これは都市だと叫んでしまった。その風景は、あらゆる起伏が耕され、山を登り谷を下る農地に住居が点在し、住居以外の建物は一見ひとつもないかに映った。ペルーとボリビアの国境チチカカ湖を訪れたとき、標高四千メートルの台地アルトプラーノに展開した風景もこれに似て、肥沃な水域いっぱいにひろがる耕地のなかに多数の住居が散っていた。これらの風景を田園的というには、密度が高すぎる。点在する住居を集めれば、大集落ができてしまう。離散的といっても、あたりは賑わっているとさえ言える。離散型集落の典型的な風景である。

消去法をかけて最後に残った部分が、純粋に離散的な住居集合が展開する領域である。すると図式上ではあるゾーニングができて、メキシコ中央台地の東はずれとグァテマラ国境附近、

図12　グァテマラの離散型集落

グァテマラ中央高地とユカタン半島の低地、ペルーのアルトプラーノが抽出される。いってみれば、これらの領域は古代から文化が栄えた地域である。そしていまなおインディオが集中して住んでいる地域である。

たとえばアルトプラーノの地形は、標高や雨量の差はあるにせよ、ベルベル人が住む北アフリカのアトラス山中の地形と酷似している。両側に地層があらわな荒い山がならび、水域は明快である。ベルベル人は壁を重ねて集まって住み、カスバという共同の砦を築き、集落はきまって水域の外縁にたてる。それはまるで土の結晶のようだ。

アルトプラーノは、同じ日乾れんがの建物でも、各戸はほぼ一定のあきをもって点在し、しかも一戸のなかで分棟する。共同の広場や教会は町へ行かねば見当らず、およそ砦のイメージとは縁遠い。住居は水域の内にも置かれる。建物は山の地膚と同調するが、もはやここでは土の結晶といった表現とも縁遠い。もしベルベル人集落がたつ場所を引力の場にたとえるなら、アルトプラーノは斥力の場といえるだろう。グァテマラ中央高地やアルトプラーノの風景は、決して離れてゆくものの姿ではなく、斥力が均衡している姿である。

離散的配列は、何ひとつ構築的な集落を用意せず、配列には無関心であきの距離に関心を払い、住居は貧相で、分棟形式である。棟は前庭をかこんで核をつくるが、住居と耕地と一体になっていて境界は定かでない。集落の中心施設はあっても、直接的な吸引力はなく、集落としての境界もまた定かではない。自然の縁《エッジ》に収斂するわけでもなく、逆に自然の縁《エッジ》をなごますかのように離散する。

しかし、住居の棟はある一定の形式をもっていて、ひとつの部族は同一性をここで保持し、またあきの距離にもほぼ同一性が感じられる。住居の材料は場所と部族に対応してそれぞれ異なっているが、寝室と厨房にわかれる分棟方式、棟の大きさ、プランなどには部族をこえた共通性がある。住民はほとんどインディオといってよい。時に白人やメスティソが住んでいないでもない。集落全体の防御のための物的装置は原則的にはない。ただしグァテマラ中央高地ではメキシコの侵入に備えて十世紀近辺では砦としての中心を準備した。また、各住居が防御態勢を特別にとるわけではない。都市の近くでは周壁をもつが、これは都市のパチオ型住居のスプロールと考えられないでもない。

あきの意味

住居相互のあきは離散的配列のもっとも基本的な性格であるが、このあきは、第一義的には住居の近くに生産地を附帯させるため、つまり住居に自立性を附与するためであろうが、互いに見張る構造を空間的に準備する。それは同時に見渡せる配置であり、つまり身近な範囲でコミュニケーションの交換を容易にする空間構造である。密集して住居がならぶと、時として住居に閉鎖性がでてくることは現代の都市生活の日常が教えてくれる。あきの距離はおそらく自給自足体制をもっては説明しきれない。とうもろこし畑が休耕することが、場所によってはあきの説明のためには重要であろう。

あきのはたらきの重要な側面は、生産地を分有することを基底としたコミュニケーションの方法に関連する点であろう。それはすなわち離散的住居配列の外部からの不利な侵入をおさえると同時に、互いに見張ることによって内部秩序の維持をはかる空間装置となっている。このため私たちは、一軒の家を訪れると、いつも無言の圧力によって拒絶されてしまったのだ。

あきのもつ意味はそれだけであろうか。あきと狭すぎる住居とを合わせ推測すれば、統御された家族の独立性、家族間あるいは家族の代表者間の人間の対し方のイメージが生まれる。もちろん男たちは協同作業をするだろう。耕作、家の建築、そうした作業は協同せねばならない部分がある。しかしそれだからといって、寄り添う人間はイメージされない。
むしろ斥力の場を示唆する風景は、離れて立つ人間を思わせる。旅で出会った、刀を着け子供の手をひいて薪集めに行くインディオの後姿。冷えこむ夜、路傍に身を横たえていた少年。四千メートルの高地を延々と自転車に乗ってゆく男。一度拒絶したら絶対に撤回しない彼ら。〈中心〉にたよらない彼ら。そうした情景が斥力が張られた場のイメージを喚起するが、それは私の眼のかげりのためであろうか。

6　離散と構築の対峙

中心の支配

近代西欧の均質空間の概念と中世の空間概念との対峙関係の構図を鮮明にしようとして、私たちは集落調査を始めた。それゆえに最初の旅先は地中海周辺であった。この構図はいわば接点としてのルネッサンス期を浮き彫りにするはずであって、中世集落の組みたてを知ることは、アリストテレス批判の周辺を学ぶことにも通じるといった下心もなかったわけではない。なぜなら、現代ほど、永遠に続くかに見えたキリスト教世界が崩壊した事実に心を奪われる時はかつてなかったからである。

地中海周辺の集落は、アリストテレスの場所論によく符号した。近代の空間モデルに見切りをつけて〈一枚のスケッチ〉を遠望しようとする私たちがさぐりあててきた、自然についての、あるいは集落の組みたてについての一元的な語り口、それらもまたこの西欧の構図に納められる断片に過ぎない。イスラム文化圏の都市メディナの出現は、西欧的なものを豊富にしたが、中南米の離散的配列は、西欧的な「対極の構図」そのものに対峙しようとするものの影の出現を暗示している。

たとえばティカルの風景はどうであったか。キリスト教典型集落の中心なる概念は、アリストテレスの場所論とキリスト教世界像とを重ねることで説明される。中心とはものがより本性に還ることができる場所である。集落の中心の教会とは、人間がより人間らしくなる場所である。中世TO図の中心イエルサレムへ行けば、もっと人間らしくなれる。ティカルの風景は、中心の意味の転倒を暗示している。中心へ行けば人は悪くなる。中心は人間らしさを失う場所である——。

中心にこだまする一種狂的ないにしえの声、かげりの支配、それは小さな完備した住居のまわりで培われた日常的均衡を危うくする。中心が人間的場所であれば、それは吸引力の場を張るだろう。もし中心が非人間的場所であれば、斥力の場といった空間を張るだろう。

離れて立つ

メキシコシティからクスコまで、私たちが次々と出会ったのは散村の風景だった。しかしその風景は、私たちが日本で見ている散地の風景とは異なっていた。第一に、住居と住居のあいだが休耕地である集落が多かったからである。休耕地は、農地ともあき地とも異なった独特の雰囲気をもっている。第二に、すでに検討した通り、住居と住居の間には、声や身振りによって意思が伝達できる程度の距たりがあって、離れているとはいえ孤立しているのではなく、集落に一体性があるのだった。

そこで私たちは、この集落形態を単に散村とよぶのではなくて、離散型集落とよぼうとしたのである。中南米の集落は、総体として見ればかげりのなかの集落風景のように見えるのであるが、この離散型集落には、私には十分には解読しきれない意味の輝きが潜んでいるように思えた。その意味を、離散型集落ということばに託したいと考えたのだ。

中南米と較べれば肥沃の地に住む私たちが知り難い〈休耕地の思想〉が、隠された意味としてあるのではないだろうか。この休耕地のなかに住居が散在する風景は、休耕せざるをえないやせた土地に生きる人々の勁《つよ》い生き方の現われの一端ではないのか。厳しい自然のなかで、自立しながら連帯して生きてゆくための休耕地の思想のひとつの現われではないのか。

解読しつくせない思想のひとつの解釈を、集落風景そのままに言いあらわせば、〈離れて立つ〉となる。住居は、文字通り離れて立っていた。しかし、その離れ方は、聖者のように、あるいは逃亡者のように、遠く世間から離れるのではなく、集落のなかにあって相互に適当な距離をもって生きる姿であり、それぞれの小さな中心を休耕地のなかに築いている姿である。

この離散型集落の住居配置は、おそらく農耕のうえからみて自然の理にかなった配置であるにちがいない。と同時に、この配置は、制度のうえでも秩序づけられた、いわば社会化された風景でもあろう。そのように解読するとき、私たちは、たとえば教会やモスクを中心にすえて寄り添って生きる集落の風景とは全く異なった風景に出会ったことを知る。

離散型の集落にも、教会といった中心があったりする。また、遺跡を依然として中心とみなしているような気配もある。この場合、遺跡はマイナスの中心といった感じがある。時に、教会でさえも、集落の一隅に置かれていて、これも負の中心であるかに見える時もある。つねに言えることは、離散型集落にあっては、住居が小さな中心であることだ。その結果であろうか、いかにもやせた中南米の地形的な景観は、集落があることによってうるおいが与えられる。小さな中心が、粗い地形のなかに散在して、地形がなめらかに変えられているように思われる。

〈離れて立つ〉風景は、集団として生きるに際して、相互にたすけあいながらも、最終的には、個人の責任において生きぬかねばならないと覚悟している社会の姿をてらしだしているのではないだろうか。それが、生産力が稀薄な自然におけるやむをえない人間の生き方であり、逆に理想化してこの集落の風景を眺めなおせば、寄り添って生きる集落に内在しているだろうさまざまな連帯のための社会的な規約、桎梏から解放されてもいる人々の姿が浮かびあがる。

コロニアル・スタイルの都市や特異な集落を中南米の地図のうえから消してゆくと、離散型の集落が一様に分布している新しい地図ができる。その地図が、中南米の集落文化の意味を語りかけてくる。この集落形式は異なった意味での構築性をもって、西欧やイスラム世界の文字通り構築的な集落群に対峙している。その構築性の解読が、未知な部分が多い中南米文化を理解してゆくうえでのひとつの鍵になっているにちがいない。

幻の都市

旅も終りに近づき、チチカカ湖岸をめぐっているとき、私たちはなおも構築的なるものへの憧れを捨てきれず、アルトプラーノに離散する低い土の住居が空にのびあがる情景を夢想して走った。行くに従って古代の面影を残すれんがを焼く炉の直立する影が現われ、二階建の住居が点在するようになり、最後に、夕陽をあびた一本の土の塔を見た。それは教会に附属した十数メートルのどこか東洋風な塔だが、教会の建物からは離れて力学的に軽々と自立していた。

そのとき私は土の塔が林立する構築的な幻の都市をイメージせずにはいられなかった。もし土着の彼らが機会をもてば、その都市を実現しただろうか。この幻の都市は多くの語りの岐路に立っている。なぜなら、私たちの観察する事物は想像力を喚起し、その発現としての言葉と論理はたとえどのような多義性を投入することに努めたにせよ、しょせんひとつの経路を走らねばならない宿命を負っているからだ。それだから旅には安住の地が決してない。

テオティワカンで見たかげりは、中南米で出会ったもろもろの事象にわたって多義性を備えていたし、集落についての語り口にたいする言葉として、またさまざまな方向を同時に隠していた。そうした多義性のなかから離散的配列なるものが浮上し、構築的なるものの総体と対峙する新たな構図が滲み出た。

一本の土の塔は、チチカカ湖やアンデスの連峰や夕日に荘厳されてか、そのかげりは薄かった。しかしなおも土の塔が林立する都市を恋う私の想像力はいかんともしがたく、対極の構図を〈一枚のスケッチ〉に描ききるには、この先、旅の経路は遠く続いて、その果てに遠望するかげりを光明に転化する眼さえ、まだ育っていない。

Ⅲ　周縁が見える集落

——東欧から中東へ——

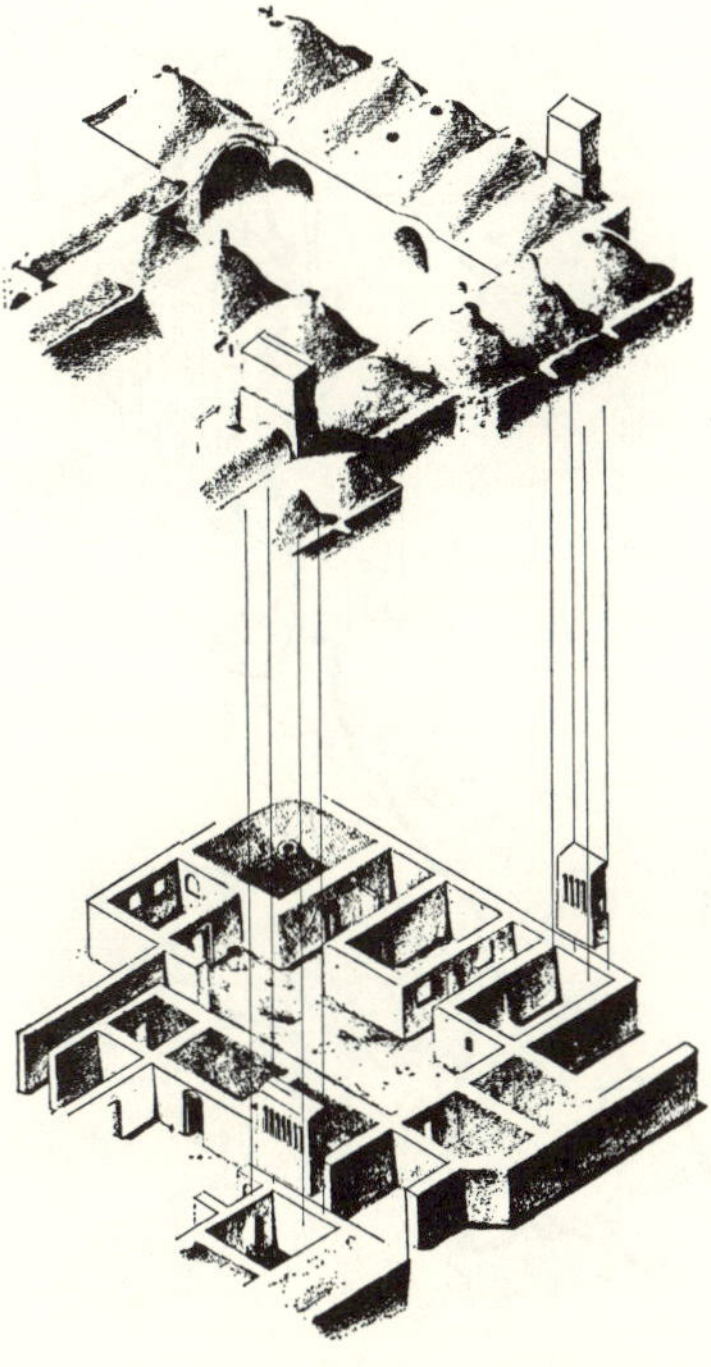

イランの人工オアシス集落の住居

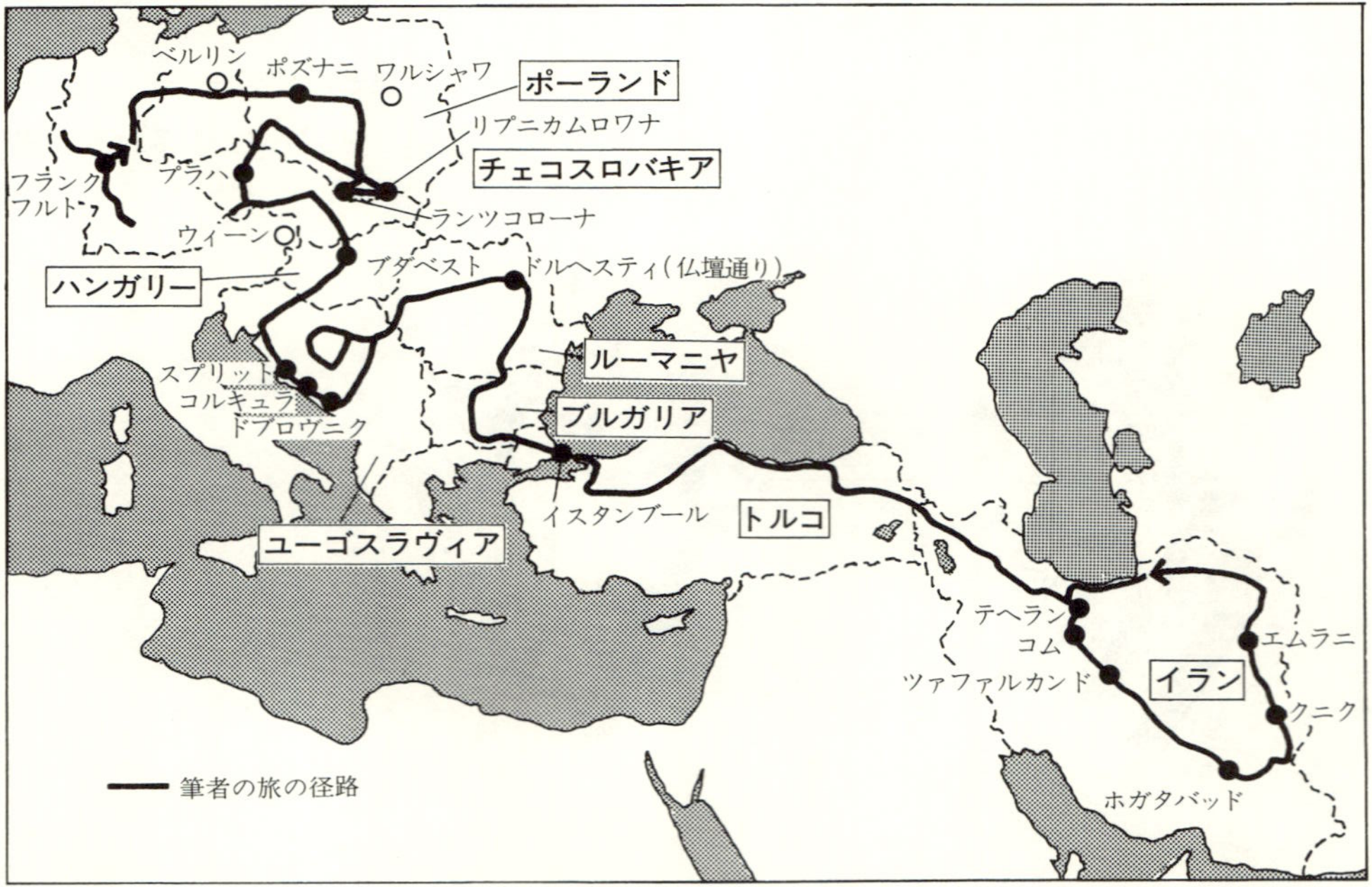
ベルリン
ポズナニ
ワルシャワ
ポーランド
リプニカムロワナ
チェコスロバキア
フランク
フルト
プラハ
ランツコローナ
ウィーン
ブダペスト
ドルヘスティ(仏壇通り)
ハンガリー
ルーマニヤ
スプリット
コルキュラ
ドブロヴニク
ブルガリア
イスタンブール
トルコ
ユーゴスラヴィア
テヘラン
コム
エムラニ
イラン
ツァファルカンド
クニク
ホガタバッド
筆者の旅の径路

1　中心の形成法

地中海への旅から、私たちはマグレブ地方の「メディナ」という都市の形態を、そしてその原型とみなせるベルベル人の村「クサール」を学んだ。ついで中南米では、インディオたちの集落によくみる形態、私たちが〈離散型〉とよぶ集落群が、旅の記憶を占めた。このふたつの形態、〈メディナ型〉と〈離散型〉とは、およそ対極をなして、集落のおおまかな形態を語るうえでは、わかりやすい指標となるだろう。

制度がものに射像される

一方が、閉鎖的な住居が隣接して密集し、城壁が集落の境界をつくって、中心にモスクの塔がそびえるムザッブの谷の七つの小都市の風景によって代表されるなら、他方は、開放的な住居が離れて立ち、集落の強い境界もなければ、中心もない、あのグァテマラのインディオの村の荒涼とした風景によって象徴される。

さて、私たちは、これらの典型に匹敵するような集落に、またまた出会えるのではないかと、心をときめかせてフランクフルトを出発した。一九七五年のことである。西ドイツでいくつかの集落をしらべたあと、東ドイツを通過し、ポーランドに入った。集落を調べるともなると、緊張する。ましてや、東欧諸国では、事実上調査はできないようなものだ。制度上の規則が強すぎる。私たちの目的が果たせるかどうかも疑わしい。制度のちがいについては、十分すぎるほど予備知識として、たたきこまれている。ポズナニの暗い夜に入りこんでゆく頃、いやがうえにも緊張は高まった。

ようやくにしてホテルを探しあて、ロビーに荷物をかつぎこむと、懐しい音色がきこえてくる。あのペルーのあし笛だ。私たちは、クスコのレストランで、素晴らしいあし笛の名手にききほれて、先回の中南米の旅をおえている。チチカカ湖では、インディオの奇妙な行列が、あし笛を合奏して通りすぎていった――。ホテルのサイモンとガーファンクルの音楽が、旅の終りとはじまりを結んでいるように思えた。

でも、なんでポズナニあたりまできて、ペルーの音をきくことになるのだろう。制度だってちがうじゃないか。「どこだって、たいして変りはないのさ」。そうなのだ。いま大きな都市はどこでもちがわなくなってきている。制度がいくらちがっても、音やものにちがいがとどくほどにはなっていない。文化は遅れてやってくる――本当だろうか。

私はひそかに、制度がものに射像されているようすを見聞できるかもしれないと、楽しみにしていた。思えば、ホテルのロビーであの音楽をきいたとき、氷解してゆく旅の不安にあわせてこのひそかな期待もまた流れてしまったのだ。あの時からはじまった東欧の旅で、建築に投影された現在の制度を見ることは、ついに一度としてなかった。ルーマニアで、ソ連のリアリズム論盛んな頃の遺物だろうか、ひどく古めかしい建物をみたが、あとは近代的な建物といえば、西欧のそれとかわらず、私はここでは、古い集落や町について語るだけで十分であった。

移植された広場

翌朝、ポズナニの広場に立った。これはまたなんと、西欧的な広場とはちがった感覚の広場なのだろう。東欧へ！といった旅行ポスターなら、かならず現われるゲーブル（妻壁）の家並みの、エキゾチックな雰囲気もさることながら、教会が妙な位置にある。広場のまんなかにマーケットが立っている。こうした空間構成の感覚は、およそ西欧にはないのだ。西欧なら、教会が広場を従えていなくてはならない。広場は、まず儀式のたたずまいを感じさせるはずだ。

ここでは、広場のまんなかにマーケットが堂々と立っている。西欧的な広場なら、マーケットは露店でよい。ゲーブルは、バロック風の波動をみせるが、装飾過多で、それらは西欧のどこかで見たようなレリーフの断片の寄せあつめだ。ひなびた祭りのはでな飾りつけを思わせる。そのゲーブルの家並みの向うに、大都市が広がっているとは、とても思えない。平板的なゲーブルのならびの裏には、耕地のストライプがずっと奥深くつづいているふうに見える。でも、そのたたずまいはなかなか美しい。

やがて、クラカウ、ウロクラウの広場を訪れるにつれて、ポーランドの広場のようすがしだいにわかってきた。とくに、いまでも昔の姿をとどめるといわれるリプニカムロワナとランツ

図13　ポズナニの広場

コローナの広場を訪れて、このあたりの広場の性格がみえてきた。十四世紀頃のかたちを保存するふたつの広場は、ともに方形で、それをかこむ家並みには、ゲーブルがある。どこか、西部劇の舞台となる町の淋しさにつうじている。申し合せたように教会は、広場に面していない。

つまり、発生的に商業の広場である。また、これはドイツ方面から移植された広場でもある。そのためか、中南米で私たちがうんざりさせられたコロニアル・シティの広場のスクエアな感じと符合するところもある。だから、東欧北部の広場にはいまも、移植されたものの華やかさとわびしさが残っているのだろう。

けれども、農地にかこまれた都会は、

西からの地続きの波にあわせて送られてきた文化を、やがて北の地の感覚によって独得の風格ある文化にかえていったふしもある。たとえば、チェコスロバキアの国境近くの、ジェレニア・ゴラという町の小さな広場は、私がこれまでみたいかなる広場より美しく、あやしく、透明だ。ゲーブルは単純にまとめあげられ、白一色に塗られている。方形の広場には力強いアーチ状のアーケードがめぐらされ、寸分狂わぬ造形がある。

おりしも雨で、広場の石だたみにゲーブルの家並みが倒立してうつっている。教会はこの広場に全く姿をみせない。広場のなかの建物が広場の視界に変化を生み、様相は歩くにしたがってフィルムを見るようにうつってゆく。空を切りとるに好適な広場の寸法と家並みの高さだ。そこではバロック風な装飾性は消えて、冷えた空間があらわれていた。

チェコスロバキアに入ると、広場の方形は崩れ、その場所の地形にあわせた平面になる。広場のなかに置かれる建物もなくなるが、逆にゲーブルは一層装飾的になる。年代的にはポーランドの広場より後につくられたこれらの小さな町では、植民地に移入された理想都市の広場という色彩がうすれて、原理はほぼ踏襲されたが、その場所の事情にあわせて変形させたらしい。

中心の再考

こうして、東欧北部で、私たちは数多くの広場を訪れたが、これらの広場は、広場のリストにあらたな一項目を附加すると同時に、中心概念についての再考をうながしているように思えた。ヨーロッパの中世集落は、求心的な空間構造によって説明される。

それでも、中心は分極している場合もある。広場と教会をひと組みにしても、城《ブルク》はあるし、〈高い町〉と〈低い町〉の分極もある。東欧では、あらたな分極現象がおこる。

さらにいえば、日本の集落では、中心が集落の周辺に点在することによって結界をはり、それによって見えない境界を形成することもあるのだ。私たちは、中心概念を、たとえば古いコスモロジーで見るように、単純化してとらえてきたが、ちがった幾何学的イメージで、あるいはまた空間形成法からの見方で、とらえなおす必要がありそうだ。

つまり、中心概念は、すべてが円とその中心のような構造にあるのではない。多点からなる〈中心〉、線状の〈中心〉、円環状の〈中心〉、分岐した〈中心〉などがありうるのだ。こうしたさまざまな中心を形成する空間形成上のからくり、手法がある。東欧北部の広場、それをめぐる町の組みたてが、私たちにとってエキゾチックな感覚を与えるのは、特異なもののかたちの系統だけでなく、中心の形成法のちがいが原因となっている。

2 集落の境界

アウシュヴィッツ

ポーランドで、アウシュヴィッツを訪れた。まず驚かされたのは、観光客のにぎわいである。私もそのひとりであり、観光客という表現は、みずからの眼をさらけだして不謹慎きわまりなく、軽率のそしりはまぬがれないかもしれないが、とにかくたいへんな人でにぎわっている。

　アウシュヴィッツについて、あらためて語ることもないが、建築的な視角から、ふれておきたいことがある。それは収容所のバラックの規則的な配列にかかわることだが、パンフレットに載っているアウシュヴィッツ配置図《プラン》を見て、私はがくぜんとした。私がそこにみたのは、日本でも初期的につくられていた住宅団地の配置図である。

　東欧は、木造建築に優れた遺産を残した。いまでも教会や修道院に、民家に、日本とはちがった工法による秀作を数多くみることができる。そのなかで、ひときわきわだった建築群に、木造のシナゴグがあった。これらのユダヤ教会は、ポーランドでは、ナチの手で絶滅されたときく。それでも、ふしぎに記録は残されて、私は旅から帰ったあと、東欧の木造建築を研究している東洋大学の太田邦夫氏からシナゴクの図集を見せてもらった。

　それらは、ひとつの空間の組みたて方をもっていて、彎曲したモチーフが垂直的にくりかえされて、火の手のように上昇してゆく求心的空間である。この造形は、広場をかこむゲーブルにみる波動のモチーフと相似してもいて、東欧固有の表現法である。シナゴグでは、この波動が立体的に表現されていた。ナチの狂気は、ユダヤ人をシナゴグから追放したあと、火を放った。図集の木造断面図は、ナチの火を切断しているかに見える。

ユダヤ人が追われた先が、アウシュヴィッツの均質な空間だった。フレキシブルで融通がきき、何人でもつめこめて、管理しやすい空間だった。棟の配列はわかりやすく、番号で呼べて、そのかわりどの棟も同じつくりだった。そこは、個体としての人間が何を叫ぼうと、決して管理者にはとどかない空間である。このアウシュヴィッツの空間が、近代合理主義の計画性の到達点であったことは、その後の歴史がもの語っている。

チェコスロバキアの人びと

プラハで、カフカが訪れたとも伝えられるシナゴグにたちよった。カフカが住んでいた街区の一画に立ち、プラハのあの幽鬼をただよわす町のシルエットからは沈んでしまう小さな建物である。が、その内部の空間の組み立てがおもしろい。一面の壁に祭壇があるものの、中央にたつ二本の独立柱の間にステージをしつらえてあるがために、空間は求心的になる。祭壇を除く壁を背に、礼拝者用のいすが、ステージをとりまくようにならべてある。

この内部には男だけが入れて、女には境界がある。壁の外には廻廊がめぐらされている。壁のところどころに小さな覗き窓があいていて、女たちは、この窓から男たちの礼拝の様子をのぞくのだ。美しく着飾った娘たちは、争って覗き窓にしがみつき、厳粛な儀式にのぞんでいる男たちをながめて、笑いを噛みころしていたかもしれない。私は、カフカの世界を思った。

プラハは、ウィーンに通じている。かつての文化の水系は、ウィーンからプラハに流れ、それはなかんずく、ドナウ両岸にたちならぶマッシブなバロック風の建築群に見てとれる。この系統は道路標識にもあらわれていて、幹線道路の交叉点には、ウィーンへ何キロメートルと表示されていたりする。プラハは、街なかでは、天につきあがるふうに見える塔によって印象づけられる。これらの塔は、ドイツのヴォルムスに、その昔、群立していた塔の造形と酷似している。文化の水脈図は、複雑である。

チェコスロバキアではいろいろな人に出会った。いなか町のレストランで、ウィーンに住んでいたという老人に会った。「ああ、あのオペラハウス！」と、彼は懐かしむ。ポーランドにせよ、チェコにせよ、よく通じる言葉はドイツ語である。チェコの中央部にストランベルクという村がある。これは頂きに廃墟となった城《ブルク》をもち、校倉造りの民家が並ぶ民俗的な香り高い集落である。

ある民家で、屋根を葺きかえている老人に声をかけてみた。にこやかに住居のなかに案内してくれたが、あけっぴろげで、ベッドやら家具やらところ狭しとならんでいる。モダンな厨房器具が立派なのにおどろかされた。老婆があらわれて、突然の侵入者におおあわてで、こちらが寸法など測っている間に、コーヒーを入れ、菓子を用意してくれ、忙しくたちまわる。彼女は、若いとき、ルーマニアからチェコにやってきた。「あの海！」と叫んで、彼女の大きな身体が波打った。「私は、あの頃こんなに小さかったんだよ」。もっとも民俗的にみえる集落にも、そこが故郷でない人々が住んでいる。

私たちは、あちこちで言葉が通じない歓迎をうけた。こちらは、制度を気にして、万事ひかえめにと心がけているから、あまり歓迎されると心配になる。なんとなく、監視されているようにも思える。実際、地区委員みたいな人に、追及されたこともある。私たちは、ふつうなら長い巻尺をくり出して、村を測るのだが、そうしたおおげさな動きをせずにすんだのは、東欧では村についての建築学的な資料が市販されていたからである。たとえば、チェコには、実に立派な都市・集落図集がある。もちろん、民家の資料もたくさんある。

屋根の目

ルーマニアでは、ソ連国境近くの山間部まで北上した。そこに、〈屋根の目の集落〉があった。木造民家が離散している村で、その民家の屋根に例外なく目があいている。たいていはふたつの目である。これは、通気孔なのだが、明らかに目を模している。集落地帯から離れて有名な修道院があり、その中庭にたつ塔にも、大きな目玉がひとつ描かれていることからも、それとわかる。ギリシャ正教のイコン的な表現は、こんなところにもあらわれている。

この目は、神の目であり、たとえば、「見よ、主の目は主を恐れる者の上にあり、そのいつくしみを望む者の上にある」(詩篇三三)の目で、修道院の中庭を睥睨《へいげい》するばかりでなく、民家の屋根では生活上の通気孔となって、目のあいさつが集落の上にとびかう。あたりは緑につつま

図14　ルーマニアの〈屋根の目〉

れて深く沈みこみ、教会のねぎぼうずの塔がならぶなかに、集落の光景は、百目となってあらわれる。

この集落地帯にいたるまでに、装飾好みの兆候がみえてきてはいたが、しだいに木造レリーフによる装飾が村全体にあふれだし、ついには私たちが〈仏壇通り〉とよんだ東欧の装飾の頂点をみる街道すじに出た。それまで離散していた民家が、塀でかこまれてたちならんで家並みを組む。屋根の目はもちろんのこと、木の塀はレースのように模様であまれ、家々にはさながら竜宮城のような、ただし木細工の門をかまえている。校倉造りの棟には、軒先、窓まわり、柱、ところかまわず板状のレリーフがほどこされて、室内に入れば、強く彩色されたカーテン、ベッド・カバー、カーペット類に模様が氾濫する。庭先には濃色の花が咲きみだれて、果実がたわわに実る。そうした一軒一軒が、私たちの眼には拡大された仏壇にうつった。集落は、宗教的な雰囲気にあふれ、荘厳された集落であると思えた。

このあたりの民家で、言葉がまったく通じない、けれども旅の記憶のなかできわめて印象強い、家族との交歓があった。この近代が波及してこない不思議な集落に、私たちが感心したせいなのだろうか、あるいはあの人々のやさしさが私たちを感動させたのか、あるいはことによると共有する木の文化の感覚が遠方から演出していたのか、さだかではないが、午後を美しい娘たちや老人たちとすごし、庭先からつんだ花束をもらい、老人の涙に送られて、また次の集落にむかったとき、私たちは、この集落の境界を出たのだった。

この村に物的な境界はない。民俗的な強い雰囲気があたりにただよい、磁場のような空間の状態がある。集落の境界は、必ずしも、城壁のようでなくてもよい。ここら一帯の集落では、屋根の目といい、異様なまでの装飾の氾濫といい、それらの特性が集落のゾーンをはっている。住居は閉鎖的といえず、寝室なども閉じられてはいない。集落を構成する要素は開放度が高いのに、総体として、粘着力によって一体化していて、強い境界をつくっている。その境界は、

図15 〈仏壇通りの集落〉を飾る住居の門の屋根

屋根の目や装飾という空間形成法がつくりだすといってよいだろう。もし、この集落のなかに、屋根に目がなく、レリーフもない住居があったら、ひどくはみでた感じになるにちがいない。

中心と境界

近代は、さまざまな境界をとりはらった。「家」の境界をとりはずし、村や町の境界をとりはずし、東欧で私たちは強い国境を知らされたものの、それでも一方では、ECのように国境までとりはずす動きもある。近代建築は開かれた建築に向かったし、その結果、都市はガラスばりになった。

近代建築運動のなかで、均質空間を提示するにいたる経路上、もっとものに即した主張は、無装飾理論である。文明の遅れを象徴する装飾性を捨てることによって、建築は近代化される。これは、とくに、ウィーンの建築家、アドルフ・ロースによって展開された。ルーマニアの山間の村で、ロースらによって主張された装飾を廃棄することの正しい意味を、はじめて理解できたように思えた。

建築や道具から、装飾をとりのぞくことは、それらの生産を容易にし、合理的にする。しかし、この論の核心は、装飾をすてることが、民族の境界をとりはずす効用をもつことにある。そのため、建築や道具が、普遍的に、境界を失った民族に滲透してゆく。装飾とは、境界であったのだ。

境界は、さまざまな空間手法によって、形成される。また境界の性格も、プラハのシナゴグで見たようにさまざまである。ナチは、シナゴグを焼きはらうことで、ユダヤ人の中心を消滅すると同時に、境界をやぶったともいえる。中心と境界は、中世集落において、同義であったかもしれない。私たちが、東欧に旅だつ前につくった集落モデルでは、物理的な境界があって中心がない集落の項目に、該当例がなく、それは空白項であった。私たちは、この形態をユートピア論のなかに探せるように思っていた。しかし、ルーマニアの奥深い村、たとえば〈仏壇通りの集落〉を知ったあとでは、境界と中心の関係にも、再考の余地があるように思えてくる。

3　東欧からアドリア海へ

地割型の集落

東欧では、小さな都市や町、山間の民俗色ゆたかな村に、おもしろみがあつまっている。平坦地でも、たくさんの集落があらわれるが、それらは魅力にとぼしい。ハンガリー、ルーマニアなどの平坦部では、集落はいずれも街村風で、メカニカルな配列ばかりがめだつ。ブルガリアでは、なめらかな地形の曲面上に、緑の島のように集落が浮いている。街村の感じはなくなるが、総体的にはおだやかで、そこから著しい特性をひきだすことは、なかなかむずかしい。

魅力にとぼしい街村風の集落も、ひとたび視角をかえて、鳥瞰的に、集落全体を配置図で見直してみると、配列がしっかりした形態をもっていることがわかる。実は、この街村風の集落は、〈地割型〉の、つまり土地制度によって住居のならびがきまってくる集落である。おのおのの住居の裏に耕地がひかえ、さらには共同の耕地が他に区画されていて、土地分割の方式が優先された集落なのだ。街路に添ってだけ住居がたてられ、地割が均等だから、メカニカルな街村のように見える。

これらの集落は、いわば計画され管理された集落である。だから、配置図のうえでは整合性があり、大きな村になると、細胞群の顕微鏡写真をみるようで、不思議な魅力があるのだが、集落内部では、初期的な計画が時とともに育たなかった機械性ばかりが目についてしまう。同じ区画された集落でも、沖縄や八重山群島の集落の方が空間として数段魅力がある。柳田国男に、日本の管理された地割型の集落は線的な形態になる、といった報告があるが、東欧でもこの傾向は部分的にみえて、ただし街路が求心的に集まって、村全体はまるくなっていることが多い。

アドリア海岸の小都市

こうした平坦地の単調さは、ユーゴスラヴィアのアドリア海岸に出るととたんに破られる。私たちはまずスプリットのディオクレティアヌスの区画《クオーター》を訪れた。この区画には、いまなおローマ時代からの建築の積層を見ることができる。クオーターの地下には、ディオクレティアヌスの宮廷がよこたわり、その上に廃墟が、ルネッサンス風の教会が、そしてより新しい時代の住居があやしく混合して、死せるものと生けるものの同時存在がみられる。それが町を活性化する。建築の地層学にとっては、好適な研究対象である。

おしなべて、アドリア海岸からは、計画とくに都市の全体構成に払った配慮が伝わってくる。西から伝わってきた建築要素の再構成に、人々は全力をあげたと推測される。これは、アレンジメントの感覚であり、そのためオリジナルより、整合性が高い。ただ、移植されたものが、全体として固有の風格をもつにいたった過程には、計画的な独創がかならず挿入されていることは、私たちにとってよい手本となるだろう。

アドリア海のこの海岸線は、海と陸地がこまかく入りくんで、随所に岬を派生している。岬はちょうど海に突出した小山のようで、その頂点に教会が立ち、住居が岬全体を覆う小都市が、つぎつぎとあらわれる。これらの町は、イタリアとくにヴェニスからのつよい影響がみられ、たとえば教会の塔は、ヴェニスの街角からながめた塔に似ている。ヴェニスの建物を解体して、その断片で町を再構築すると、アドリア海岸の小都市の点列があらわれると考えてよい。これら小都市は、ヴェニスとあるいは相互に地中海の権勢を争ったため、臨海線に城壁をめぐらした防衛的な組み立てが残された。

私たちが訪れたなかでは、コルキュラ島が出色であった。そこの小都市は、岬のかたちを木の葉にたとえるなら、葉脈状に道路網がはられ、とても地形にあわせて住居がならんでいると

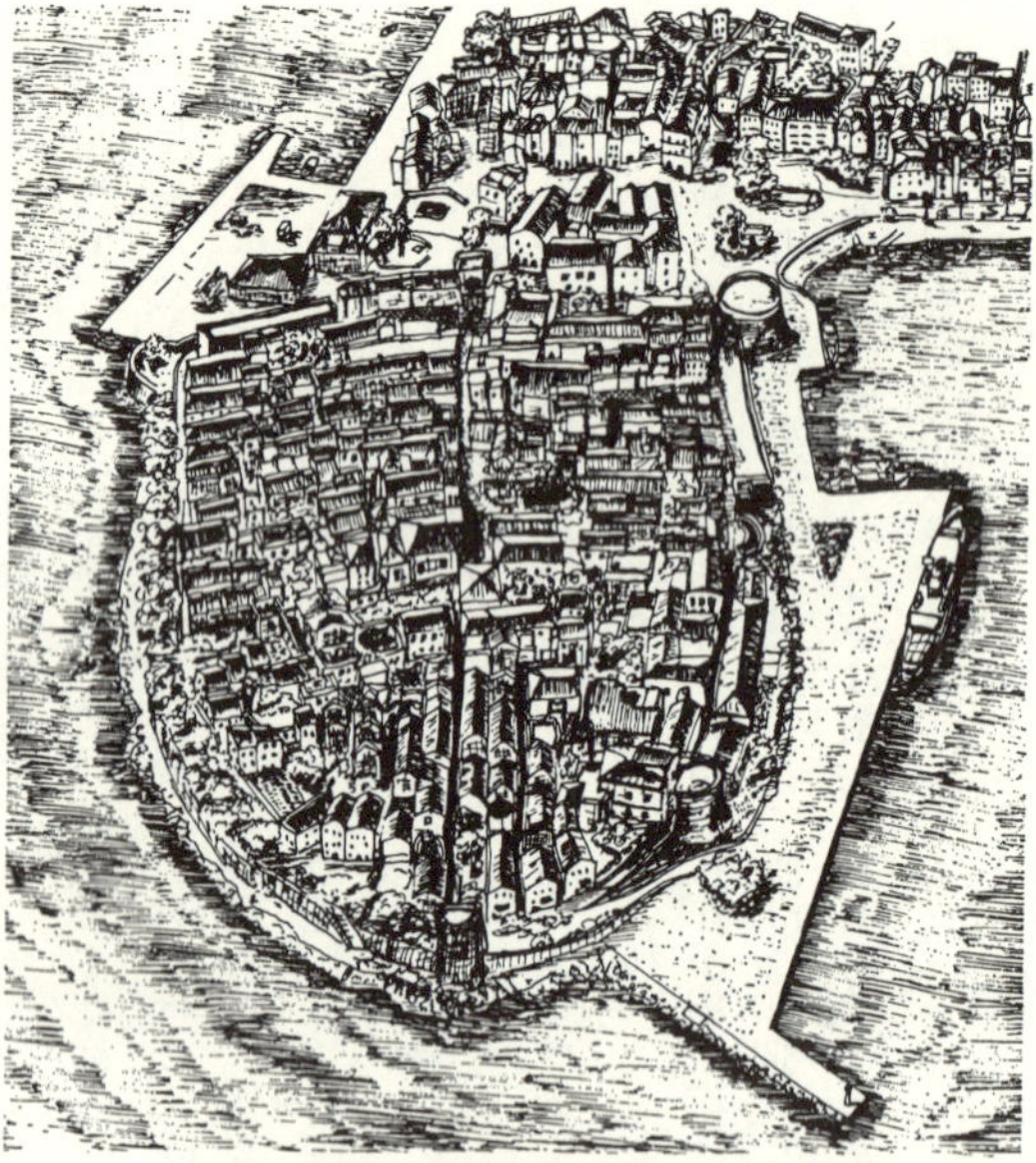

図16　アドリア海の小都市コルキュラ

は思えないほど、全体的に整合性が高い。イタリアの複雑に折れまがった道すじとは対比的な、計画性がみられる。道には整った家並みがあり、それは海からの錯綜した家並みからは想像できない。この内的な整合性の空間形成上の秘訣は、一戸一戸の住居の中庭にある。造形的な歪みはすべて中庭が吸収して、中庭は自由に変形する都市空間のダンパー(緩衝帯)になっているのだ。

アドリア海の圧巻は、なんといっても有名なドブロヴニクで、この奇跡的ともいえる小都市が

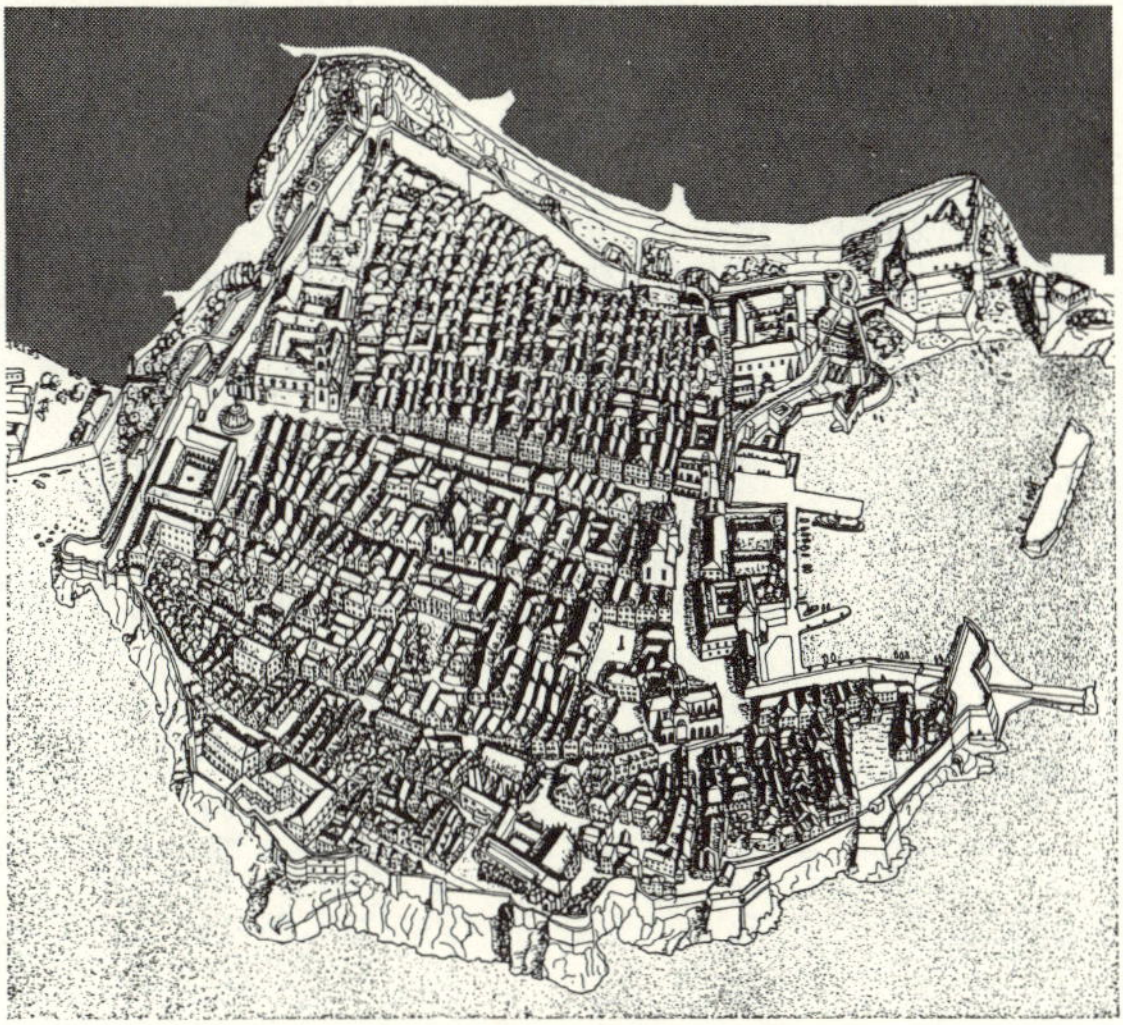

図17　アドリア海の小都市ドブロヴニク

生まれた原因は、他のほとんどの小都市が採用した岬を覆う着想を反転して、岬と陸地がつくる谷に都市を埋めた天才的着想にある。そのため町には、さながら屋外劇場のような空間効果があらわれた。

もっとも低い谷すじに直線的な広場が、そしてもっとも高い岬の尾根に城壁がめぐる。岬の小都市群が上向的空間なら、この反転された都市空間は、下向的空間である。人々は、つねに中心を見下ろし、中心をはさんで向かいあって暮す。町は海に向って流れ、海と和合し、城壁は高く、このように地形に埋蔵された潜在力を誘起した計画は稀であり、とくに、建築や都市を上向的にとらえてきた空間と造形の歴史のなかで、これほどみごとに下向的空間を組みあげた例はさらに少ない。

文化の平行移動

こうして、東欧では、ポーランドやチェコの広場にみる西欧の北からの、アドリア海にみる南からの文化の平行移動がみられて、それが平坦地と山間部をはさんで対峙する集落分布の構図がえがかれる。旅の途中、私たちは、トルコ、イランをふくめて、大局的には、ソ連の国境にそって旅していることに気づいた。しかも、私たちは、ソ連国境の一部をきりとっているにすぎない。あらためて、ソ連の深さに感じいった。

その深いソ連の集落を知らぬまま、東欧を、一方向にある西欧との対比において語るなら、西欧からの文化的写像関係もさることながら、原像としての西欧の北と南のちがいが東欧にうつしだされていることを指摘したい。ポーランドの小都市と、アドリア海の小都市とは、移植された文化に対する態度に、共通性があるが、移植された文化そのものが、こと造形性に限ってもあまりにもちがいすぎる。

平行移動の図式は、歴史を無視して、純粋に地理学的な、さらに限定して地形学的なイメージだけでも納得できる。マクロにみれば地形の特性は、西から東へ移動している。この南と北につちかわれた造形性のちがいは、何だったのだろう。もっとも感覚的なレベルでは、南が明るく、光や音にたいして反射的で、輪郭が鮮やかなら、北は暗く、吸収的で輪郭がさだかでない。南に確かさがあれば、北に動きと変化がある。このような印象は、風土そのものの延長として説明されよう。

しかし、東欧で見る北の造形力は、別の角度から説明されるように思える。それは、プライマリイな、つまり第一義的な形態についての感覚のちがいであって、南の幾何学的に単純化された単純形態をプライマリイとみなす感覚にたいして、北にはそれを歪めた形態や、異種の純粋形態の複合を第一義とする感覚がある。このちがいは、塔の尖端部にもっともわかりやすくあらわれる。南のプライマリイな感覚は、安定と平衡の形態をえらび、北の感覚は、不安定な状態つまり破局を内包した形態をえらんでいる。比喩的には、南に結晶体の透明さがあれば、北には生体の波動と呼吸がある。

ふたつの空間概念

この造形感覚は主として個体としての建築にあらわれるが、集落全体の空間的な構想力に延長してみれば、南には一元的な求心性が見られるのにたいし、北には強力な求心的配列を見ることができず、中心は分極し、その均衡のうえで求心性を保存する。旅の印象からすれば、この対比は、対抗するふたつの〈空間概念〉を暗示している。そして、おそらく、中世におけるふたつの〈空間概念〉は、それぞれにちがった宗教的な、コスモロジカルな、制度的な、空間形成力の原因となっているのだろう。

私は、いまそれを詳しく説明することはできない。東欧を旅して、これまで西欧中世の空間概念を漠然とひとつにとらえてきたことに疑問符をうったにすぎない。ただ、造形や空間がそろって現象することは、たんに技術とか、合理性によって説明できないものである。その時代の人々が共有する空間にたいする感覚が、文化の基底において同化していないと、造形力はその文化圏で普遍化しない。

私たちは、東欧の北部で、奇妙な曲面の屋根をもつギリシャ正教系の教会の木造建築、うねった曲面の塔の数々、エキゾチックな都市のシルエットを見た。これが一般には、東欧的な雰囲気とよばれている。しかし、これらはドイツや北欧三国、ソ連などが共有する部分でもある。ドイツの美術史家で、『抽象と感情移入』を書いたヴォーリンガーは、とくにこの北と南の差異を指摘しているが、私は、これまで簡単に述べたように別の角度から、ちがいの印象をうけたのである。

空間を計画し決定するという実践的なレベルからすれば、私たちは窮極的には、基体となる〈空間概念〉によりどころを求める。加工技術、現実的な諸条件は、〈空間概念〉より下位で、これに従属するにすぎないと、考えられる。

4　トルコからイランへ

イスタンブールは、旅の変換器のようなはたらきをした。ここはなにもかも融合してしまう都市で、異種の文化の流れを手品のようにつないでしまう。ひなびた東欧から、明るいイスラム圏へ、旅はがらりと変るのだが、けたたましい音響と、活気にあふれるイスタンブールの街をひとめぐりすれば、文化と風土の断層をいともかんたんにとびこえてしまうように錯覚する。

周縁が中心を規定する

旅を鳥瞰的に展望すれば、文化と風土の断層があるのだが、集落の形態の系列をトレースしてゆくと、ユーゴスラヴィアとブルガリアのあたりに、三つの文化の潮流が消えてゆく、ひどくあいまいな領域がある。この三つの流れは、東欧の北から、南欧から、そしてイスラムからの文化の流れである。が、これらの文化は融合してひとつの独得な集落の形式をつくってはいない。

もちろん、私たちは文化が重なる集落、たとえばモスクとキリスト教会が共存する町や村を訪れた。こうした集落には、おそらくゆるんだ構造があって、そこに私たちは注目するのであるが、その特質をはっきりと摘出することはできなかった。

私たちは、西欧的な都市や近代化された部分の周縁部を、意識して歩いているが、実際には周縁の周縁といった地域があって、そこにある集落は、強い民俗色をもつわけでもなく、文化が融合したかたちをしめすわけでもなく、ひどくひなびてあいまいな空間をつくっている。これら集落群の意味するところを照らし出すのが大切な課題であるし、その意味するところは豊かであると信じたいが、そのためには、またあらたな旅と調査法を準備しなくてはならない。

私たちの旅は、さしあたり、西欧を中心にしてえがかれた文化の世界地図の周縁部に、照明をあてるだろう。そしてできることなら、周縁が中心を規定すると言いたいのだ。それは私たち自身の問題である。私たち建築表現者は、支配的な波によって周縁に追いやられている。ひとつの戦略として、建築の表現、活動を文明の領域から文化の領域へ移してしまうこと、これによって中心と周縁の逆転をはかることが、もくろまれる。

しかし、支配的な波はこの転位をも見抜いて、文化の周縁にやがて私たちを追いやるだろう。このとき、なお周縁が中心を規定することを主張するだけの表現力をそなえておかねばならないのだ。そうした意味で、私には周縁の周縁の、ゆるんだ構造をもっている集落が気がかりではある。

砂漠の知力

トルコで黒海沿岸を走った。漁村に出会うものと予想していたが、それらしいものは見当らず、むしろ、メキシコやグァテマラの〈離散型〉の集落と同じ組みたての、それ以上にこれはメキシコではないかと錯覚する風景をつくりだすヘイゼルナッツの村に多数出会った。

黒海から山間部に入り、あたりがしだいに不毛な、荒涼とした風景にうつると、村はしだいに構築的になる。ゴダールの《ウィークエンド》さながらの道路光景のなかをすりぬけてイランに入れば、アフリカのアトラス山中とそっくりな美しい自然と、ベルベル人集落「クサール」と同型の集落があらわれる。集落形態の分布は、地図上のゾーニングでは表現できそうもない。自然の集落形態への対応も単純ではない。

そして、明るいイスラム圏、イランの砂漠に、輝くばかりの集落群が、ひとりのペルシャ人の青年とともに、私たちを待っていてくれた。イランの砂漠周縁の集落を、この二十八歳の青年アッハマディアン氏ときりはなして語ることはできない。イランの文化芸術省からおくられてきたこの青年なくして、私たちが砂漠集落の内部にたちいって調べることができなかったからではない。彼が私たちに見せた知力が、集落の知力ある組みたてと重なり、両者のイメージはしだいに融合して、ついには、砂漠の知力が見えてきたからである。いまでも私は、まぶしく反射する集落にこの直立した青年の影をみるのだ。

コムの町

テヘランで、アッハマディアン氏と数日協議した結果、カビール砂漠とイラン高原のふたつの砂漠をめぐる行程をくんだ。私たちは態勢をたてなおし、夕ぐれのテヘランを出た。夜、コムの町に着いた。アッハマディアン氏は、妻にチャドルをかぶるように言った。その後も彼女は、ときどきチャドルをかぶることになる。

ちょうど、マホメットから数えて四代目のカリフ、アリの喪に服する夜で、イランの人々にとっては意味ある時であった。「イラン人は、アリが好きだ」と、アッハマディアン氏は説明したが、それはイスラムのなかの文化圏形成に関係している。彼は、私がアラブと言うと、彼はイスラム世界と訂正した。「イスラム世界は多様だ」と彼は繰り返す。イランは、ペルシャの上にかたどられたイスラムである。私が知っているイスラム世界は、マグレブ域だけだが、コムの夜の様子はかなりちがった。後に、カスピ海の木綿を生産する集落を訪れて、イスラムの多様性を実感した。

翌朝、アッハマディアン氏は、聖殿のなかに私たちが入れるように交渉したが失敗した。それによって、イランのとりわけ宗教的な町にある聖域を知ることができた。後にマシャッドで、アッハマディアン氏は、私だけを連れて聖殿にすべりこもうとしたがこれも失敗した。聖殿はモスクと全く異なった空間で、各宗派の開祖、その聖殿をひらいた人が祀られている。タイル張りの鮮やかな色どりの塔やヴォールトの屋根は、聖殿であって、モスクではない。モスクは、一般に簡素で、開放的である。私たちは、のちに古い聖殿や、それほど厳格でない聖殿を訪ねたが、それらは共通な空間形式をもっている。この形式の一端が、砂漠の集落の民家に、ときどきあらわれる。

コムの町で、私たちは、集落を構成する主な要素を学んだ。キャラバンサライは、高い壁が方形にめぐっていて、一目でそれとわかる。これに似ているが、壁の角部や途中に円筒状の塔がたつのが、カルレである。カルレは、北アフリカのカスバに対応する。ただ、カスバの角部の塔は方形プランである。避難所、共同の食糧貯蔵庫などのはたらきをするが、イランでは多様な目的にそなえていたことが、外観は同じでも、内部の組みたて方に定形がないことからもわかる。私たちが見たカルレは、それぞれ異なった内部構造をもっていた。集落の領主は、カルレの外に住むので、城《ブルク》とは多少意味がちがう。

人工オアシスの集落

私たちは、コムから南下していったが、まもなく砂漠のなかに、これこそ土の結晶体の風景というべき、見事な造形の集落が、あちこちにあらわれてくる。砂漠の近くには、けわしい山がつらなり、空気は澄んで、距離感が狂う。オアシスが見えて、村に近づくにつれ、キャラバンサライやカルレがあらわれる。そして、住居のヴォールトの重なりが圧倒的に展開する。村に入ると、奇妙なかたちの建物がある。「水道の貯水槽だ。通風筒で水があたたまらないようにしてある」とアッハマディアン氏は説明する。

水道。イランの砂漠周縁の集落は、人工的なオアシスなのである。砂漠の空からの景観をきめる竪孔の点列は、ときとして、山から数十キロの距離にわたって水を運ぶ水道の軌跡である。その水量は豊かで、集落の池や貯水池をみたし、家々の地下をぬって走り、小川となって、ざくろの果樹園や畑をうるおして、人工のオアシスを育てている。その水は、想像をこえて冷たく、透明で、ときおり魚が泳いでいたりする。

この巧妙な加工されいた自然で、私たちが感嘆したのは、住居の配列や生産地の配列の決定因が、流れる水であるという点にある。ふつう砂漠では、点状の井戸や泉が配列因となっている。複雑に重なるドームの村の空間構成力は、床下を走る水系によって裏打ちされているのだ。住居は、漠然とした風景、村の景観からでは、区切りがつかない。複雑さは、平面のうえに、さらに立体的にのびていて、ドームの微妙なゆがみとリズムが高次の連続体としての集落をつくる。住居のつくりには基本的な約束があり、住居の系統は水系によってまとめあげられる。その結果、集落空間は混沌をまぬがれて、全体として、ざくろの実のように、造形的な格調をおびてくるのだ。

老婆のつくってくれた、最上の味のいり飯をごちそうになっている間、アッハマディアン氏は、青年とさかんに話をしている。「麻薬の話だよ」。私はしだいに気づいていったが、彼らは、ペルシャの伝統、ゾロアスター教から生まれた哲学者スフラワルディーの後裔である。神と融合する神智学、スーフィーの血をうけている。アッハマディアン氏は、詩や音楽が好きだ。フルートをもって旅している。

ある時、たまたまビートルズの話をしたところ、珍しく彼は激昂した。「イランでは、ビートルズなんて聴く者はいない」。イランがいかに英国の支配下で抑圧されていたか。「そしていま、アメリカ、そして」日本なのだ。「でもイラン人は東方が好きなのだから」といって、私

図18　イランの人工オアシスの集落ホガタバッド

たちを慰めてくれる。《西方への流刑》の物語の、光の東方に対する闇の西方の、スフラワルディーの方向感覚である。朝の光、詩、音楽、空間、瞑想、没我、超越、そしてこれらを総括する知力が、集落にたつアッハマディアン氏に感じられた。

住居からの生産の剥奪

砂漠のまんなかに塔が立っている。砂漠の灯台、道しるべである。蜃気楼に似た現象もみる。樹が水にうつって、私たちの車は海に向かって走っているように幻覚する。北アフリカのメディナでは、カラームからライプニッツにわたる実体をかいまみた。イランの集落には、それとは多少ちがった連続性の感覚がある。住居が立体的で、光と影、動きが見えている。住居の中庭にアルコーブ(くぼみ)があって、これが聖殿にみるアルコーブと同じである。ある村の住居では、アルコーブが中庭をはさんで対峙しており、その緊張で中庭が容器から場に変っている。いずれの集落でも、住居は完成された秩序体系をもっている。

　住居に通風筒がたつ集落の姿は、ことのほか美しい。波うつ屋根面から、小塔が林立するシルエットをえがくからだ。通風筒は、イランに限らないが、砂漠の発明で、空気の動きを、朝晩、季節に応じて、コントロールする。室内でみると、暖炉のように見えるからおもしろい。通風筒が中庭のアルコーブに附属している場合もある。中庭の通風に役立つほどなら、かなり効果的な考案だといえる。

通風筒が、各戸からそろって立ちならぶと、東欧の〈屋根の目〉のようにたがいに呼応しあって、村人たちの群像を模しているかに見える。住居の道具だてが、共同体のシンボルに転化しているのだ。床下をめぐる水系が共同体の隠された配列因なら、通風筒は配列の可視的な表象になっている。

アッハマディアン氏は忙しい。村人たちに私たちを紹介し、調査の目的を説明しなくてはならない。通訳であり、解説者であり、そのうえ自分で民俗学的な調査をする。彼のノートは、またたくうちにうずまってゆくが、揺れる自動車のなかで筆記する。これは、とても真似できることではない。判断は正確で、スピードがある。柳田国男の話をすると、彼は苦笑して「あなたたちは、イランの実状を知らない」という。「調査していると悲しくなる」ともいう。たしかに、彼が村に入ってゆくと、村人たちはいろいろと直訴する。イスラム教を信じることは、平等な世界を実現することだと信じているこの青年は、王制のもとではイランに言論の自由さえないことを嘆く。夕日に向かって黙然と坐りこむ人影を見る頃、アッハマディアン氏は深いペシミズムにおちこんでゆく。

アフガニスタンの国境近くに、高い壁がたちならぶ迫力ある集落があった。その壁は、いまではほとんど使われていないが、粉ひき風車の軸を支えている。この風車が傑作である。鉛直に立った軸のまわりに、麦わらを束ねた羽を数本ならべただけの風車なのだが、直径九十センチほどの石うすをまわすのだ。発想もユニークであるが、これが広場にずらりと並ぶと壮観である。風車が二、三立つ場合には、広場が小さくなる。こうした風車広場の連繫が、集落の配列因のひとつでもある。

私たちが現代の住宅地を、どう計画しても力がたりず、コミュニティという概念が空々しくきこえてしまう大きな原因は、住居から生産が剝奪されているからである。生産のために誘起されるべき自然の潜在力が、計画の平面にのぼってこないのだ。きっと風車広場の村人たちは、風を共存すること、水を分有することを語りあったにちがいなく、そこが共同体の出発点であったろう。砂漠では、風が敵であり、味方でもある。私たちは、地理学を専攻したアッハマディアン氏から、風の講義をうけた。

鍛えぬかれた知力

こうして、私たちは、砂漠における水、空気や風、光と影、土の錬金術などを学んでゆくに従って、砂漠集落がいかに知力によって形成されているかを教えられ、この鍛えぬかれた知力こそ、年月をこえて集落の変らない空間をたもっている秘密であることを覚っていった。まさに、集落の内部構造は、空間的な仕掛け、からくり、トリックの集積である。この集積をものに投影した集落群の代表として、エムラニの集落があった。

この村は、まるで現代のプランニングにみるように新鮮であるが、その空間形成力に比肩できる計画は残念ながら、近代現代を通じてみあたらない。カルレにかこまれた古い住居群と、

図19　人工オアシスの集落エムラニの通風筒群

後にできた住居群とが、貯水槽のドームが対置する広場を軸にして向かいあっている。カルレの内外に、通風筒がたちならぶ。そのたたずまいは、金物細工のように精緻でいながら、有機的で、音響的である。細道、住居の入口まわり、中庭、家畜小屋まわり、いたるところにこまかい配慮のあとがある。これらが、自然発生的にできたとはとても思えない。細部にわたって計画のあとがみえている。こまごまとした考案と大きな構想とを折りたたんで、集落がつくられたといえる。

アッハマディアン氏は、私たちを、集落の内部構造へ案内してくれた。そして、イランの砂漠集落は、私たちの集落の見方を変えた。東欧の集落やこれまでたずねてきた集落を、イランの集落と同様に知力によってつくられた集落として見直してみると、集落の〈一覧表〉が、空間構成法の複合度の体系、知の体系としてみえてくる。

5 解説から展開へ

物象化された閾

ひとつには、旅を重ねた眼の変化もあろう、しかし、実際に美しい集落があらわれてきて、周縁部が光ってきた。こうして、三回の旅をしただけでも、いまなら、パルテノンからゴシックにいたる歴史的な建築の群列に対抗するに十分な、力ある集落の群列をあげることができる。これらの集落は、充実した歴史的な都市の系列にも拮抗するにちがいない。

集落への旅をはじめる頃、私には幻の図書館、幻の美術館を信じたい気分があった。文化において、支配的だった成果は、歴史をつづる諸要素となって、現実の図書館や美術館をみたすが、一方には、歯ぎしりして死んでいった人々がいるにちがいなく、彼らは支配的な文化をさけることができず、また打ち破ることもできず、しかし彼らの想像力の所産は、幻の図書館や美術館をみたしているにちがいない——。ところが、それらは、いまや私たちの眼の前に、つぎつぎとその姿をあらわしてきている。

旅をつづけるにしたがって、風景としての集落から、内的な空間構造をもった集落が、私たちの眼に見えてきた。東欧の小さな町の広場で、アドリア海岸の坂道で、そしてイランの砂漠の村に見たのは、町や集落の形態をきめる原因となっている巧妙な空間形成の方法、建築術である。それらは、当初から、私たちが〈物象化された閾〉とよんでいたもの、つまり集落の外から侵入してくる因子を制御すると同時に、集落内の秩序を持続するための空間の組みたてを実現している原因である。

はじめ、この〈閾〉（しきい）は、境界としての城壁、中心としての教会や広場、住居の閉鎖性や密着性といった、風景的な組みたて法、風景的な配列のなかに見えていた。しかし、巧妙に組みあげられた集落に接するにしたがって、集落の内部にある空間的なからくり、仕掛け、トリックが、しかもそれらが複雑に組まれたコンプレックス（複合体）として、集落の配列をきめているように見えてきはじめた。

集落と自然の交感

集落をひとつの全体としてとらえると、諸要素の配列には、いくつかの空間形成法が交叉している。イランのエムラニの集落は、住居を内包するカルレによって、ふたつの領域に分割されると同時に、カルレ内外とも住居の通風筒が群立して領域をひとつにまとめあげる。ルーマニアの〈屋根の目〉の集落では、畑の配置で住居を離散させながら、あの目くばせで住居を連結する。アドリア海のコルキュラ島では、教会を頂点に変化あるシルエットをつくりながら、住居の中庭を歪めて葉脈状の整合的な道路ネットワークを組む。

こうした対立と融合の、分離と連結の、変化と整合性の、背反する事象のいともたやすい同時的表現こそ、建築術のもっとも好むところであり、もののあり方の完成度の高さをしめし、つまりは美しさの秘訣である。しかも、美しい集落では、ひとつの物的な配列のなかで時の流れとともに、人々の生活によって寸断なく生活領域の連結と分離の組みかえが行なわれていて、その生命的な変化は、いくつもの空間形成法の交叉によって、支えられている。風のあたたかみ、光と影、土の香り、水の音、それらが空間の鼓動をたすけてくれる。だから、集落は、自然との交感のコンプレックスとなる。

集落が歴史の主役である神殿や寺院に、空間力として対抗できるのは、まさにこの空間の自然現象との交感の複雑な組み立てである。ある空間が、はたらきを限定されるとき、その範囲内で意味が深化される。結果として象徴的な空間があらわれるだろう。もし、空間のはたらきが制約づけられない集落のような場合には、おのずからできるだけルーズに、しかし生活の破綻をきたさない工夫と考案をもって、はたらきを自己規制しなくてはならない。結果として、トリックの複合体としての空間、知力ある空間があらわれるだろう。

象徴的な空間が、直観的な意味の了解を訴えるなら、知力ある空間は、意味の系列の解読可能性を訴える。象徴的な空間が、意味の総体を背景に、個人の想像力を喚起するなら、解読可能性としての空間は、現場の、そこに内在する事情への共感と同化、つきることない物語の読み手を待っている。前者は、制度を超越することによって制度に寄与し、後者は制度に即している。

文化の共有構造

私たちは、私たち自身の眼を、通りすぎる者の眼として、そこに住みとどまる者の眼から峻別してきた。砂漠の夕日にむかって坐る人影と、都会の人群をすりぬける人影はちがう。もし、これが絶対の乖離であれば、私たちには、風景としての集落しか見えない。が、もし、集落内に、読みとり可能な空間の仕掛け、トリック、からくりがあるなら、そしてさまざまな誤読にたいして、本来寛容であるものなら、私たちは、通りすぎる者の眼を集落の内側にしのびこませ、その内的構造にふれることができるかもしれない。

解読可能性は、「人間はみな同じである」という命題にたいする潜在的な確保によって、まず裏づけられている。少なくとも、住むための環境に投影されている基本的な身体性は、時代や文化をこえて、人間に共通する。私たちは〈仏壇通り〉で、ルーマニアの人々と言葉なしで交歓できたのだ。砂漠の水から、そこでくらす人々の感動は伝わってくる。

これにたいして、「人間はひとりひとり異なる」という命題が、待ちかまえている。あのドナウ平地、ブルガリアに沈む夕日の集落が、だれにとっても同じ心象風景をつくるとはおもえない。スフラワルディーの後裔たちが見る光と、私たちが見る光とはちがう。ただ、ひとりひとりちがう人間も、集団を組むことによって意味の共有をはかり、その共有された意味は大幅に限定された内容となろう。「共有する」ことは、無限に拡散するはずの想像力、意味を生みだす力にたいして、収斂性を附与するであろう。たとえば、コスモロジーのように。

私たちは、「共有する」ことを、たとえば土地の所有や使用といった関係性で分析しようとしたこともあった。しかし、それを知ることの難しさもあって、しだいに、集落の人々が不可避的に共有せざるをえない道具のあり方、集落の形態を規定している空間の形成法、たとえば求心的プランを「共有する」と考えるようになってきた。

光、風、水、土がそれぞれ、輝く中庭、風車広場、住居の床下を走る水道、カルレの壁に変容する状態をみて、私たちは砂漠の人々への理解を深める。これらの建築的要素は、ちょうど、ものと意味の媒介項になっているように思える。「共有する」という附帯条件のもとに。そして、組みたてられた媒介項の複合が、私たちがいうところの制度ではないのか。

展開可能性

集落を解読してゆくはてに、「人間はみな同じである」ことと、「人間はひとりひとりちがう」ことにたいする解答としての共同体のイメージが、姿をあらわすだろう。私たちの旅は、近代建築運動がとらえた、浪漫的な中世共同体のイメージを、たしかめようとするところからはじまっている。いつか、ものの側から、共同体を語らなくてはならないのだ。

一方、現実の表現活動にもどれば、私たちは、人間についてのふたつの矛盾する命題にたいする解答をせまられている。現代を支配する均質空間は、ヒューマニズムからの延長としての自由の概念を内包し、このアポリア(難問)にたいする見かけ上の解答をすでに提出している。それゆえ、支配的でありえている。私たちが、たとえ均質空間を批判するかたちで、建築表現をとったとしても、それは、均質空間がたよりにする自由の枠内にあるかもしれない。

もし、これまで解読可能性と呼んできた概念が、集落に折りこまれた空間形成法をくりひろげるという意味で、展開可能性と置きかえることができるとすれば、集落をめぐる旅は、ことによると、現在私たち建築表現者にあらためて問われることになったアポリアに通じているかもしれない。

つまり、集落に埋蔵されている空間形成法の系列は、そのまま、私たちが提起すべき空間形成法に連続している展開可能な系列であるかもしれない。もし、そうであれば、展開されるはてにあらわれるのは、中世共同体のイメージばかりではなく、未来にむけての〈一枚のスケッチ〉でもあろう。この展開可能性は、ひとえに私たちの想像力と、現代の支配的な〈空間概念〉の想像規制力とのたたかいにかかっている。

私には、ものに姿を借りた空間の組みたて法が、加工された自然の骨格をつくるように思えてきた。その組みたて法は、観念として共有される道具であるがゆえに、言葉として表現された制度、記号として表現された想像力などに符合すると思われる。これまで私たちが見た観念としての道具の体系は、どのような言葉の体系へと移したらよいのだろうか。私たちが周縁性のなかにみたものと言葉の媒介項のゆたかな一群を、インドでもう一度たしかめてみたいと思う。

Ⅳ　形象をこばむ集落

——イラク・インド・ネパール——

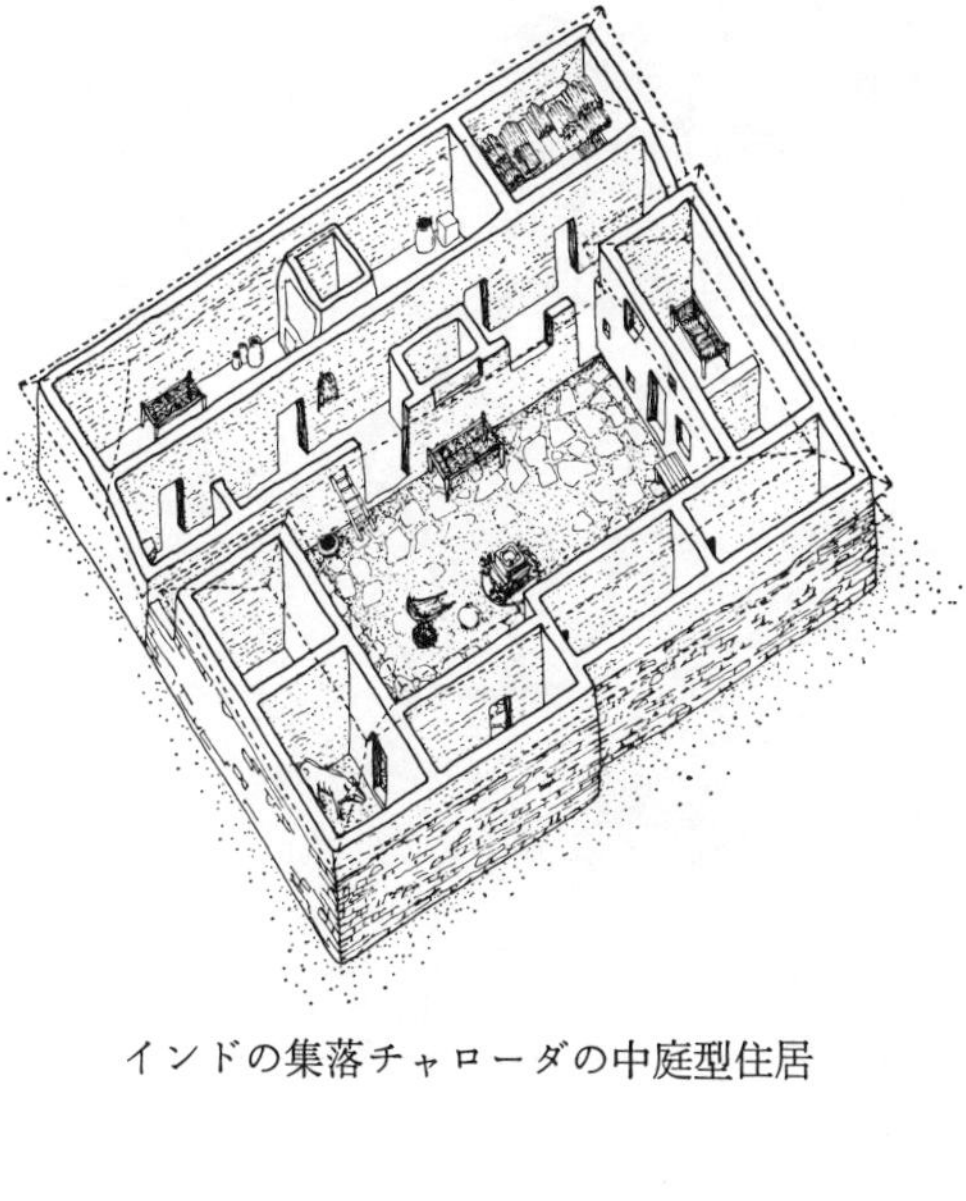

インドの集落チャローダの中庭型住居

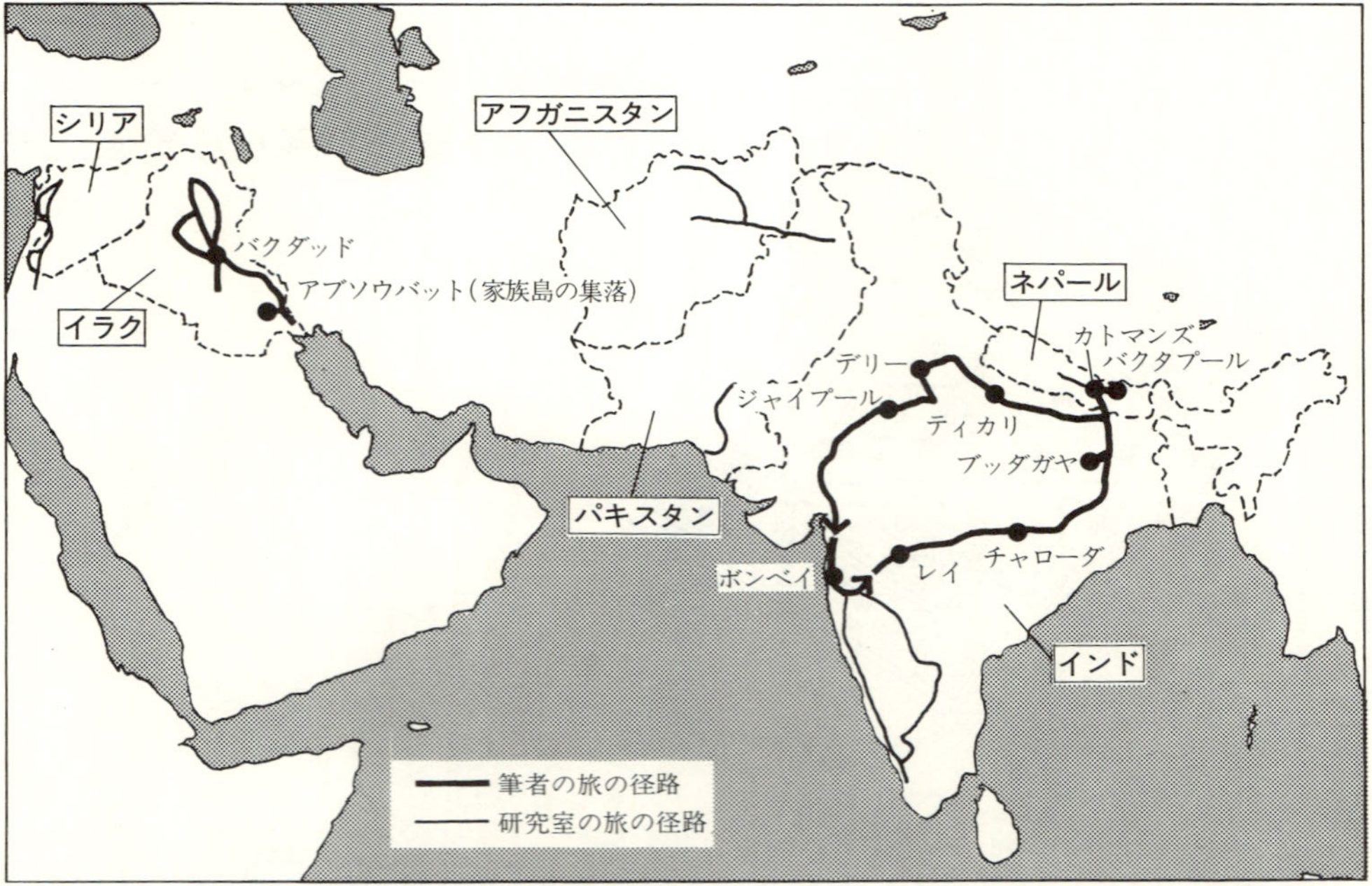
シリア
イラク
バクダッド
アブソウバット(家族島の集落)
アフガニスタン
パキスタン
ネパール
カトマンズ
バクタプール
デリー
ジャイプール
ティカリ
ブッダガヤ
チャローダ
レイ
ボンベイ
インド
筆者の旅の径路
研究室の旅の径路

1　破綻を許す空間の組みたて

バビロニアの空中庭園

こんどばかりは、私たちも、ついていなかった。私たちは、旅のコースを、アテネの港で日本から送った車を陸上げして、トルコからすぐシリアへ入り、そこからヨルダン、イラク、イランとすすみ、パキスタン、アフガニスタンを経て、主目的地のインドへ出るようにしておいた。ところが、苦労して送ってきた車を目の前にしながら、そのまま日本に送り返すはめになった。アテネの港湾ストに出くわしてしまったのだ。私たちは二手に別れ、インドで落ちあうことにして私のグループはイラクへ飛んだ。一九七七年春のことである。

私たちは、バクダッドで手に入れたレンタカーで、ステューデント・ユニオンが派遣してくれた学生と、彼が胸ポケットにおさめている一通の「手紙」とともに旅をすることになった。「手紙」は、調査許可証で、その威力は絶大である。私たちは、あちこちですぐさま呼びとめられてしまう。この社会主義の国は、きわめて警戒が厳重であって、「手紙」なしでは、とても集落を訪れることができない。しかも、学生もステューデント・ユニオンからきびしく旅程をチェックされているので、その都度私たちは、バグダッドへ帰らされるはめになった。それでも村では歓迎されておおいに調査意欲をもやしたのだが、不思議なことに、イラクにはきわだった砂漠集落、荒地集落がない。

ペルシャの伝統をひく、すぐ隣りのイランには、ヴォールト屋根が波動するまぶしいばかりの集落がある。でも、チグリス、ユーフラテスの流れに添って旅すれば、まるで文明発祥をめぐる教科書のなかにいるようなものだ。バビロニアの空中庭園や、らせん状のサマラの塔は、私たちを遠い幻想の世界へ送りこんでくれるが、それら遺構の数々と現実の集落との間には広い空白の径庭がある。

家族島の集落

しかし、イラクでは不思議なものにはことかかない。インドの集落を語るまえに、ひとつのきわだった集落形態を、イラクからひろっておこう。

チグリスとユーフラテスとが合流し、なお下流に行くと沼沢地帯にでる。このあたりの住居は、葦でつくったかまぼこ型の住居なのだが、驚くべきことに、ひとつの家族はひとつの小さな島に住む。この島は、直径がせいぜい二十メートルほどの人工の島で、大きさからいえば、普通の住居の敷地に相当し、土や家畜の糞でかためてつくられる。もちろん、人々は優雅な舟でしか、住居のあいだをゆききできない。

大家族のかたちをとるから、島には二、三の棟がある。これらの島々が、数十メートルの間隔で分散して、あちこちで小群島をつくる。小群島のなかには、ゲスト・ハウスの島があって、

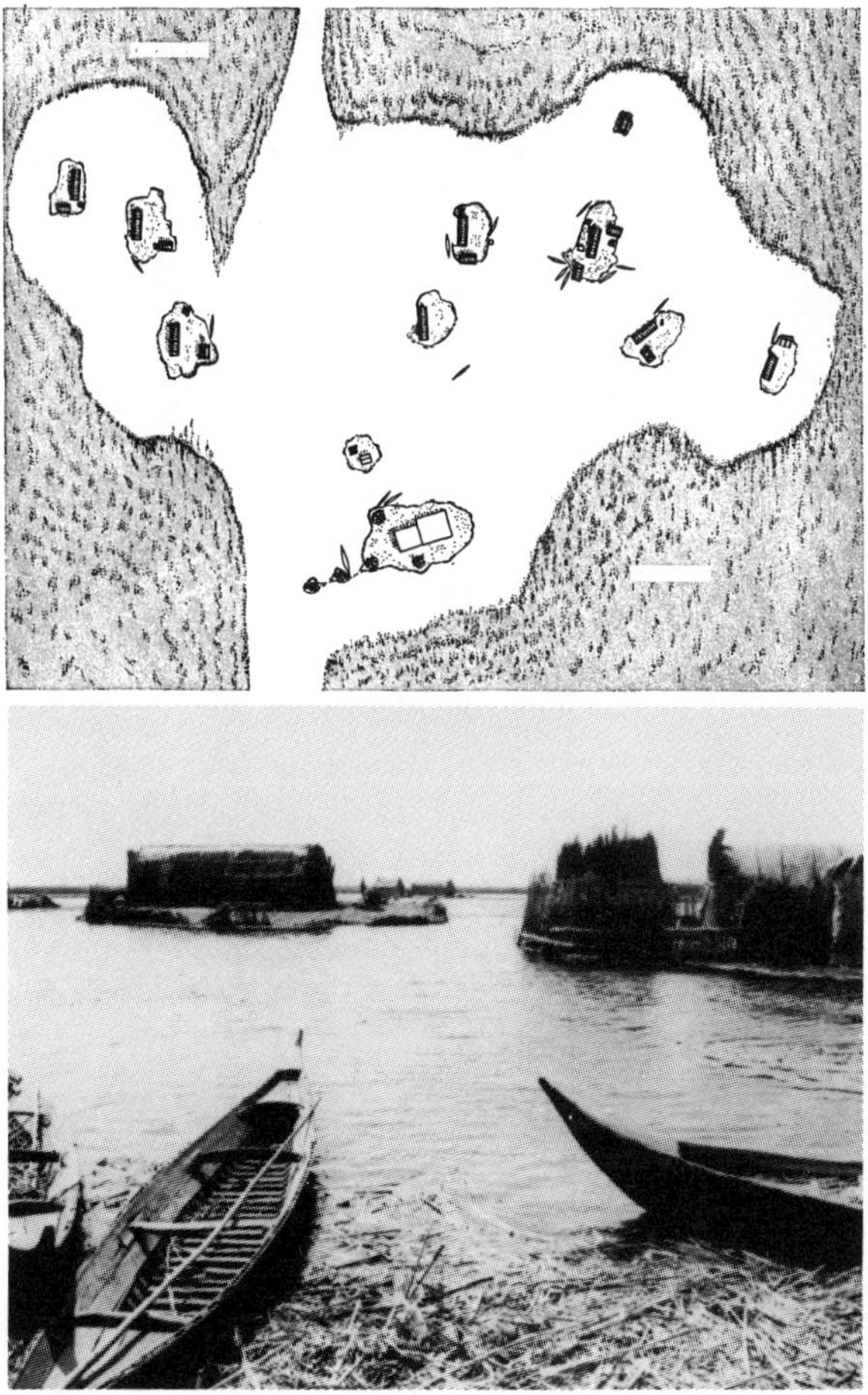

図20　チグリス・ユーフラテス河下流の〈家族島の集落〉

そこは、いってみればモスクの役割をもはたす近隣の中心で、葦の細工で飾ってあったりする。私たちが訪れたやや大型のゲスト・ハウスは、中央に炉がきってあり、きれいな湯わかしが並べられていた。しかし、小群島のゲスト・ハウスは、棟がひとつというだけで特にめだたず、外からは、他の島々と区別できない。

旅の初め、ダマスカス空港に飛行機が着地する前に、薄い雲を透して、点在する島々を見た。私があまり興奮するので、それは完全な離散型集落の出現を期待するあまりの幻影だとからかわれて終ってしまったその集落が、目の前に出現したのだ。

人は、いま、いろいろな住居に生きている。水上生活者にもさまざまな住み方がある。コロンビアの水上の家やチチカカ湖の浮島、舟に住む人々なら日本にも多い。でも、島をつくるなら共同で住める大きさで、あるいはしだいに成長してゆくかたちでつくるのが、自然ではないだろうか。まして、長い時に耐えてきた共同体にふさわしい空間的な組みたては、もっと別にありそうに思える。

こうした先入観は、旅の先々で裏切られる。この〈家族島の集落〉は、砂漠のイスラム集落の空間的な組みたてと全く同じである。イスラムの住居の強い境界としての壁が、小島のまわりの水面におきかえられただけである。ただ、イスラムの都市メディナなどとくらべると、ゲスト・ハウスが、近隣的なまとまり、つまり住区をつくっているところに、特色はある。砂漠のイスラム集落と、この集落は、現象的にはひどくちがっているが、構造的には同型であることを説明するときの絶好な対である。

集落の形態

〈家族島の集落〉は、これまで私たちが調べてきた一群の集落の性格をよく象徴している。人々は、必ずしも安定した自然環境に住むとは限らない。むしろ、なぜこんなところに住むのかと疑いたくなるような場所に、きわどい平衡状態をつくりだして住むものなのだ。ほんのわずかな可能性にすがりつき、それを最大限に実現して、活路をみいだす。他の不利な条件には耐えしのびつつ、それを逆に、共同体の結束の条件に転化してしまう結果として平衡状態がある。そして、そこに集落の形態が生まれるのだ。それゆえ、私たちは、その社会の人間的関係を知らずとも、物的に集落を語ることができるのだ。

奇妙なことに、人々は、歴史のなかで、手近にあった材料やそれを加工する道具類で、見かけのうえではさまざまな住居や集落をつくったが、たとえばその配列においては、想像力はある一定の枠内にとどまっている。こうした事情が、現象と構造の対概念をささえる基礎となる。

ところが、この構造なる不確かな概念は、観測者があらかじめ適当なことばの一群を用意しておくか、ものに誘導されてことばを発見してゆくかしないと、説明できない。たとえば、中心、境界、開閉性、密着性といったことばの道具だて一式がそれであって、〈家族島の集落〉や、イスラム都市のメディナや、離散型や、キリスト教団の典型的な集落においては、こうしたことばの一群と、それが誘導する関係性によって、私たちが集落の窮極的な構造概念だと考えている〈閾〉(しきい)つまり、内部の秩序をたもち、外部からの不当な侵入をふせぐ機構の形成が、比較的うまく説明される。

もちろん、私たちは、ことばを豊富にするために、中心概念を拡張し、境界について考察してきた。つねにそうした道具の準備なしには、構造は説明されない。たとえば、簡単に図式化すれば、ローマ・カトリック圏のキリスト教集落は求心的な構造をもつ。住居が木造であろうと、石造であろうと、現象的には異なるが、構造的には求心的である。そして、求心的形態については、私たちは十分に知っている。だから集落の空間的な組みたてがよくわかる。

が、ことばの一群と文脈がわかっていないときは、どうなるのであろうか。そのとき、私たちは混乱におちいるだろう。かつて、中南米の集落に出会ったときのように。

そして、私たちは、インドにおいて、まさしく、インドの集落を理解することばの一群と文脈の欠落ゆえに、混乱におちいった。私たちにしてみれば、カースト制、ジョイント・ファミリー(合同家族)制など、人間的関係をよく説明することばを学んでいても、それらは、直接的にものの配列や空間を説明する道具ではない。

こんどの旅で、東洋の主要な都市が、西欧近代の建築によって、ことごとく破綻した風景を露呈していることを知った。近代化の波による必然的結果だといえばそれまでであるが、東洋には、もともと破綻を許すような空間の組みたてがあるのではないだろうか。
もし、文化のなかに、集落形態に平衡状態をうめこむ感覚、形象のなかに本質を見る感覚があれば、いかに経済の侵入があろうと、そう簡単に風景は崩れないだろう。はたして、インドには、形象をこばむ集落と、それをささえる空間がまちうけていたのだった。それは〈家族島の集落〉をはじめ、私たちがこれまでに集めた集落の系統からはずれた集落群であった。

2　全体を統御するものの不在

ボンベイの飛行場についた瞬間から、これまで多くの人々によって語られてきたインド、そして、これからも際限なく語られるであろうインド的なるものが、私たちを打った。

インド的なるもの

植民地時代の建物や、近代的な建物、マーケット、くだものや衣類の露店、はっか売り、海、樹木、駅、郵便局、紙幣、タクシー、英語、太陽、コカコーラとジュース、それらは混然一体となって、まばゆくひろがった。それらのどの要素をとりだしても、インド的であり、ささいなことがらについてありのままを説明しようとするなら、言葉は分節することなく連鎖して、とめどもなく続き、あげくのはてには、結局それはインド的なるものなのだと放棄してしまわなくてはならなくなる、トートロジーの世界である。

都市のなかで、きわだった存在は、人の群れである。インドでは、人間ということばがもっている普遍性は、どこまで有効なのだろうか。

たとえば、私たちはスラムに住む人々と言う。あるいは、貧しい人々といったりする。けれども、ボンベイには、スラムといっても、貧困といってもいろいろな段階がある。まず、ボンベイの中枢の歩道や広場あたりで、なべで食事をつくっている家族がいる。注意して歩かないと、寝ている人を蹴とばしてしまうのだ。子供をかかえた金をせびる少女からは、逃げまわらなくてはならない。都市の壁を背に思い思いに布を張って屋根にして、その下で暮している一群もいる。

スラムという居住状態は、少なくともこれらふたつの住形式の段階を説明してからでないとはじまらない。そしてスラムにも、実にいろいろな状態がある。中南米のファベーラ風の掘立小屋からはじまって、四、五階建ての古い木造の共同住居にいたるまで、人々は群れ、混沌として住んでいる。もちろん、大都市にあらわれている経済的な貧しさ、それは覆い難い。しかし、私たちを驚かすのは、貧しさではなく住み方ひとつにあらわれる多層性と、それらが混在している様相である。

インドは猛烈に暑かった。私たちは、ボンベイを起点とする旅の途中、村の人々に、なぜインド人でも辟易する四、五月の季節をえらんで、やってきたのかと笑われた。暑さは、重く、身体をおしつぶすようにのしかかってくる。ひざしのなかでは、ものがにごって見えてくる。しかし、この暑さも、ひとたび冷房装置のなかからみると、風景が、はっきりと見えてくるのだ。もちろん、広々として、冷房のきいた住居から、ブーゲンビリアの花を眺めている人々も少なくない。

私たちは、インディラ・ガンジー政権が、権力の座からすべり落ちたすぐ後に、インドを訪れた。報道によれば、男性のパイプ・カットが、凋落のひとつの直接的原因とされていて、記事をよんだときには笑い話のような、奇妙な感じをうけたのだが、冷房装置がきいた部屋からガラスごしに、インドの都市、特に地方の中小都市に溢れる人群を眺めるとき、この発想は、もっとも反インド的なる操作であるにもかかわらず、為政者のイメージとなるのも必然的な帰結であろうと推測されるのだった。

アテネの港湾ストのようなこともあろうかと、日本から、あらかじめ手筈をととのえておいた、ふたりの運転手つきのバスにのって、ボンベイから東へ、そして北へと集落を探して総勢九人で旅立つのだが、もし、研究室に留学してきているインド人のサラユー・アフジャを欠いていたら、私たちの旅は、まったくちがった旅になっていただろう。

彼女は、マドラス大学の建築学科を卒業してすぐに、日本に来た。インドの村落を、研究していたことから、たまたま私の研究室に来たのだが、もともとは、近代的な都市計画の学習をしたかったのだろう。運悪く、私たちの集落研究にまきこまれてしまい、私たちの質問攻めにあっている。サラユーは、それがひとつの日本に来た動機だったらしいが、少しの間インドに帰ったと思ったら日本で働いている夫君と結婚していた。

彼女をみていると、インドを錯覚する。行動的で、素晴らしく知的である。旅では、サラユーの一人舞台だった。私たちは、多分に、彼女の眼を通して、インドを見ている。だから私は、サラユーの眼には注意を払っている。研究室では、彼女は、学生や私の好敵手である。

集落のこわれもの

私たちが見たインドあるいはインドの集落とは、何であっただろうか。この問いは、いまも反芻してやまない問いである。旅をはじめて、すぐに訪れたレイという村は、インドの集落を語るときのひとつの基準になる。

レイは、ケディという本村に従属するまとまった集村である。この住居の集合を訪れたのは、遠目にかろうじて残る四本の土の柱が見えたからである。この柱は、昔の館《キラ》の廃墟の一部で、人々は、この廃墟のまわりに小さな土の家を並べてひとつのブロックをつくっている。このブロックの前に、道路とさしたる区別なく、広場があって、小さな三つのマンディール(寺)が立ち、学校がある。

土の住居のブロックの反対側に、樹木と融合したわら葺き屋根の住居の一群がある。土の住居群には、農耕従事者が住み、わら葺きの住居群には、牧畜を専業とする者が住む。マンディールの手前には、音楽師が住居を構えて、ひとり離れて住んでいる。土の住居群の端部に、ひとつのクルデサック(袋小路)の庭とも道路ともいえないあき地があって、この小住区は仏教徒のものだ。それとは逆の端部には、さらに小さなアルコーブがふたつほどあって血縁的な近隣をつくっている。土の住居群のなかに、れんが建ての住居がいくつかあり、住居の統一性をひどく乱している。

全体としての風景は、これまで私たちが見てきた集落の像とは、およそ対照的に、雑然としてかたちをなしていない。もちろん、城壁もなく、だいたい集落の境界、小住区の境界、住居敷地の境界なども判然としない。まるで集落のこわれものをみているようなのだ。

それは、全体を統御するものが欠け落ちた風景である。レイは、崩れた土柱の集落として、記憶にはっきりとのこっている。しかし、崩れた土柱は、〈家族島〉のように、集落の空間的な組みたてを表象してはいない。私たちは、訪れた集落を呼ぶときに、不本意ながら、象がいた集落、ジャックツリーの集落、ラッパを吹く少年の集落、きつつきを見た集落などという。こうした空間にたいする認識をやめるために、私たちは旅をしているにもかかわらず。

次いで、チャローダという集落を訪れた。この村もふたつの住居集合からなっている。ひとつは、不在地主の耕地に働く人々の住居集合で、建てなおされたばかりの極彩色のマンディールに通じる広場の左右に、住居がグリッド状に並んでいる。端部にひとつだけロの字型の住居があって、これはこの近隣のチーフの家である。この部分は、インドでなくとも管理された集落の一般型として理解できる。もうひとつの住居の集まりは、古い本村で、中央に広場があり、三つの白いマンディールがある。端にモスクがあって、この近辺の住居は壁を共有して密着し、比較的閉鎖的で、道路から枝状のゆきどまりの小径がいくつか派生している。

ヒンドゥー教徒、イスラム教徒の住居ゾーンと、道路によって境界づけられる建築的なブロックとは一致していない。ヒンドゥー、モスレムともに住居の形式、規模ともにそろっておらず、ただこのあたりが、マンディールの広場のあたりのゾーンとは、ちがったゾーンであることくらいしかわからない。風景としての物的な観察、調査だけでは、集落の組みたてを、はっきりととらえることはできない。

自然をきわだたせる

いくつかの集落を見てゆくうちに、この制御されていない空間的な組みたてを、ごく当然なものとしてうけとらなくてはならないことがわかってきた。これまで、私たちが見てきた集落は、たとえ、中南米のインディオの荒涼とした集落といえども、その空間的な組みたてのひとつの原理を、たとえば離散型といった名称で、位相的に理想化して抽出することができた。そのもっとも信頼できる根拠は、住居形式がいずれの集落でも統一されているところにある。ところが、インドの集落には、それが欠けている。だから、住居の配列を論議する以前に、集落のたたずまいは、こわれている。私たちは、これまでとは別種の集落系列の文化圏にいることを知った。

さらに、世界の集落の空間的な組みたてを比較しようとする私たちにとって、まったく不都合なことに、インドでは、次から次へとそれぞれ異なった空間的組みたてをもつ集落が、地域的にあらわれてきて、これがインド集落の典型であるといえるタイプを、抽出できないのだ。

ある集落は、シルエットとして求心的でありながら、広場は村のはずれにあり、ある村では、その一部でスペインの横穴住居群のような見事なクラスター（ここでは近隣住居群）を組む。ある村では、ザミンダール制（領主制のような制度）がしかれていたため、西欧的な城《ブルク》に似た館《キラ》によって求心的構造をもち、また他の村では、一部をのぞけばひどく均質な住居がならぶといった様相で、集落をあつめても、これらがまたそれぞれ多様で、地域的なまとまりはあるものの、総体としての集落の像をむすばない。強固に完成された類型の美しさを誇る集落は、ついにあらわれることがなかった。

サラユーは、どの集落でも一身に注目を集め、村人たちは彼女のあとを追い、おかげで私たちは図面の採取に専念できたのだが、どこでもサラユーは、最初にどこから来たかときかれる。彼女は、ときにボンベイ、ときにマドラス、ときに東京と答える。彼女が笑って言うに、それらはみな同じような答だそうである。インドでは、各地によって言葉がちがう。ひとつ地域から出れば、同じインドでも、外国のようなものだ。集落の見かけの多様性からして、こうした感覚が私たちにもわかるように思えた。

だいたい、インドにあって、住居は美しく立っていない。砂漠の上の住居の結晶性、あるいは半円型のドームのならびの息づかいがきこえるような波動性、インディオたちのそまつな住民の耐えぬいている尊厳さ、日本の民家の端正なたたずまい、いずれの地域でも、住居は美しく立っている。

インドの住居は、たとえ規模が大きく、形式化されていても、建築のもつ直立する姿がない。インドにあっては、樹木がひとり風景のなかで、尊厳をもって立っている。私たちは、調査をしながら、一瞬でもはやく、木影に逃げこもうとする。マンゴー、ニーム、バニアン、それらは、巨木となって、まるで建築のようにそびえ立つ。耕地に点在する巨木は、こまやかな細部からなる透きとおった塔のようだ。群立した樹木を遠くからみると、幹はさながら列柱であって、そこに駆けこむ衝動を抑えがたいやわらかな神殿のようだ。インドの集落の人々の眼も、住居より樹木に向いているのだ。いや、そうではなく、樹木はインドの集落にあって建築である。自然をきわだたせる技術がインドにはある。

3　混成系としてのインド

ネパールからインドを見る

私たちの旅は、ボンベイを結節点として、北と南のふたつのサイクルをつくる経路をとっている。私は、イラクで時間をつかい、南のコースに参加できなかった。したがって、ケララ州でみるようなおよそ境界もなく、とめどもなく続く散在型の集落パターンなどを体験しておらず、たとえ全コースを走ったとしても、パンジャブや、ガンジスの下流域はもともと除外されていて、一般にいわれるインド文化圏のほんの一部を見てきたにすぎない。

けれども、限定された領域内にあらわれた集落の、不確かで多様な空間的な組みたてにも、もしこれを世界各地の集落と比較するとき、全体として著しい特性があることが、しだいにわかってきた。

インドの旅のひとときの休息といったかたちで訪れたネパールのカトマンズ盆地は、インドを見るあらたな視野を私たちに与えてくれたように思える。ガンジス河をわたり、急勾配の道を、時間をかけてのぼりつめると、あたりは一変して、透明な視界がひろがってくる。インドの猛烈な暑さのなかからやってくると、まるで別世界に来たようだ。空に透けたヒマラヤ山脈、段々畑の深い谷、冷たい空気、どれをとっても、インドと対照的である。

特に、集落のたたずまいは、私たちの心を解放してくれる。住居はちょうど日本の倉を茶色にしたような形式で、そのプロポーションとテクスチャー(表層の状態)が、いかにも童話的である。そのうえ、住居の形式がそろっているにもかかわらず、配列が、ランダムである。ときに数戸があつまり、ときには点在する。こうした規則性の強くない配列が、平坦な盆地から谷にかけて、地形にあわせて広く連続する。そのため、あたりは一層、楽園的雰囲気となる。

住居が集まるときには、道とも庭ともつかないあき地を共有している状態は、インドの集落と似ている。けれども、各戸が同じ住居形式を共有するところが、インドの集落と決定的にちがうところで、そのため、私たちには、理解しやすい空間の組みたてになっている。私たちは、稜線にそって並ぶ集落や、まるで映画のセットのような美しい集落を楽しんだ。

集落の整ったたたずまいに比べると、カトマンズやバグタプールのヒンドゥー寺院の広場は要素が多く、雑然とした感じをまぬがれない。もともと、ヒンドゥーの世界は、物的には多極的に構成される。それが、ネパールのヒンドゥー寺院の広場には端的にあらわれている。

この多極性は、インドの集落にもあらわれていたが、カトマンズのサングヤという比較的大きな集村で、はっきりと視覚化されていた。その村は、童話的な住居ばかりでなく、壁を共有する大型の住居があって、村の軸となる街路をつくるが、そこには小さな寺やほこらが線状に

図21　カトマンズの谷の集落サンゲヤ

点在する。また分岐した小径にも、素朴な宗教上の物的な表現があって、村全体に中心は分極している。

日本人がネパールの村人たちに似ているせいだろうか、彼らは、私たちを、どこかそこらの村からやってきた者くらいに考えている。ヒマラヤの展望が素晴らしいドリケールの尾根では、訪れた住居で近隣の人々が集まってお祭りをしていたが、私が行くと子供たちが、穀物でつくった首飾りをかけてくれ、主人がヒンドゥーの印をひたいに描いてくれた。インドでは、逆に、私たちを遠くからきた者として見る。サラユーにしても、その遠くから来た一人である。この距離にたいする感覚のちがいは、そのまま人間と人間の関係についての了解のしかたのちがいを暗示するかとも思える。インドの村にいても、また都市の雑踏のなかにいても、人々とのあいだに、へだたりを感じるのだ。

単一のネパール
混成のインド

別行動をとったメンバーが、ポカラで楕円形プランの住居の集落を調べてきたが、いろいろな研究報告にあるように、ネパールは集落の宝庫である。私たちは、ほんの一例に接したにすぎない。しかし、同じヒンドゥー文化圏とはいえ、ネパールとインドとが、集落形態のうえから見ると、共通した性格をもちながら著しい相違をもつことを知った。

ネパールの集落は、構成要素としての住居に着目すれば、〈単一系〉であり、インドの集落は、

〈混成系〉なのだ。カトマンズ盆地の童話的な集落は、インドの集落と同様に、境界の物的表現は、きわめてあいまいであるにもかかわらず、集落がこわれもののようには見えない。少なくとも、住居のうえからは、はじめに集落の成員としての家族相互に、等質性があって、それがなんといっても空間的な秩序の基底になっている。

空間的な組みたては、等質の住居がつくりだすさまざまな呼応関係によってまず理解でき、たとえばあいまいなひろがりとしての広場や庭も、その意味するところを解読しやすい。そうした空間の組みたては、観察者に、一体的な印象を誘起する。それが、これまでに私たちが訪れてきた集落がもっていたわかりやすさの基礎条件となっていた。

しかし、本当にインドの集落は、こわれものなのだろうか。またこわれものに見えるとしても、ただ住居形式がそろっていないというだけではなく、もっと別の条件が附加されているはずである。カトマンズ盆地から降りてふたたびインドに向かう道すがら、夕日に映える集落に別れをおしみながら、インドの集落が提起している問いを鮮明にしたいと考えた。

イスラムとヒンドゥー

私たちは、ふたたびガンジス河に添う平地の村々を訪れていった。暑さは、ますます激しくなり、村の老人が井戸端で頭から全身水を浴びている姿を真似て、行く先々で頭を冷やした。この頃、突然あたりがざわめいてきて、暗くなり、地からまきおこるような風につづくはげしい夕立にたびたび出会った。その変化の異様さに、はじめ、地震のときのような不安が私たちの身体を走ったものだ。風の爆発は、凄まじい勢いで砂塵をまきあげ、あたり一面は黄土色のコロイドに覆われて、視界がまったく消えてしまう。次いで雨が、たたきつけるように降りはじめる。雨期の前兆である。

暑さ、夕立、雨期、それらは季節のニュアンスというより強度と落差を感じさせる。場所によっては、冬に雪さえ降る。こうした強度と落差にたいして、インドの村は、あまりにも防備のための建築的なからくりをもっていない。たとえば、イスラム圏の砂漠の住居とくらべると、そのちがいがはっきりする。イスラム圏の砂漠の住居は、換気筒、屋根、水路、アルコーブなどの建築的考案の集積である。インドの住居では、自然を制御するための考察の欠如が、いちじるしい特色である。きわだった工夫がみられない。住居にかぎらず、インドにあって、目につく構築的からくりは、ほとんどイスラムがインドにもちこんだものだ。タージ・マハール、いろいろなモスクや砦、それらは直立して、光っている。

イスラムとヒンドゥーの空間感覚のちがいは、ジャイプールの天文台と、ウダイプールの宮殿によくあらわれている。ジャイプールの天文台は、イスラムの知的ユーモアとからくりの極致といってよいだろう。奇妙なかたちをした天測儀がいっぱい、まるで遊園地のようにならんでいる。たとえば、ひときわ巨大な器械は、ジェットコースターのようだ。その小型が、星座にあわせて十二ならんでいる。その本気なのか遊びなのか判断に苦しむ仕掛けの造型力は、その場に浮力を感じさせた。

一方、ウダイプールのヒンドゥーの空中庭園は、目もくらむ高さに列柱をめぐらした宮殿の美しい空間で、中央に一本の巨大な樹木が濃い陰を落して立っている。イラクのバビロニアの遺構にみられた空中庭園幻想は、インドにも続いていた。からくりと造形にたいするに、樹木と影をあてる手法は、いかにもヒンドゥーとインドの特性を象徴している。

トーラ

もし、身体的な快適さについての建築的な考案があれば、それは、住居がひとつの形式を共有する契機となる。風土的なものが、住居形式を決定するすべての原因ではないが、集落がこわれもののように見えない程度の造形要素は準備される。

このあたりで訪れたティカリという村は、私たちが調べた集落のなかでは、もっとも空間的な組みたてが明快な例である。しかし、そこでも住居の建築的な考案といえば、インドの多くが普通もっているヴェランダ程度である。ただ、村の中心的な領域に、樹木でおおわれた小広場があちこちにあって、それらは住居の周壁でふちどられる小径によって巧妙に連結されている。この小広場の系統は、集落の近隣との区分、ゾーニングを示すと同時に、村が人と樹木との共生態であることを図式的に示している。

この空間的な組みたては、世界のあちこちで見られるのだが、ふつうならこのパターンで村全体がおおわれる。ところが、ティカリではこの配列をとらない住居群のゾーンがある。小広場のゾーンでは、住居は周壁をめぐらしてジョイント・ファミリー(合同家族)の形式をとっているが、このゾーンに寄生するように、単純な住居がまばらに並んでいる。また周壁を共有しながら、近隣の小広場をもたないゾーンもある。つまり、前述の村と同様に、住居ばかりでなく、集落は異なったゾーンの混成系でもある。

このゾーンは、カースト制度に対応してトーラと呼ばれる。トーラの境界は、つねに、可視的であるとは言えない。ひとつのトーラと思われるものが細分されている場合もあるし、建築的なブロックがトーラに対応するとは限らない。隣の家はちがうトーラに属することもある。サラユーの話だと、インド人は自分がどのトーラに属するかは知っていても、他の家がどのトーラに属するかを厳密には知らないそうだ。南部の地方にゆくと、カーストのトーラは、カーストの路になる。そうだとしても、ゾーンの境界が明示されているとは言い難い。

たしかに、ゾーニングは、世界の集落の組みたて方のなかで、特異な方法である。西欧中世集落の〈高い町〉と〈低い町〉、イスラムのメディナのカスバやユダヤ地区のようなゾーニング、あるいは特定な文化圏をとわず同一職種の住居がつくるゾーニングなどがある。しかし、これらの例は、いずれも特殊な住居の一群を区画する手法であって、すべての住居をいくつかの異質のゾーンに分割するという集落形成上の手法は、インドの独特の方法といわねばならないだろう。

こうして、ゾーニングという手法からも説明できる〈混成系〉としてのインド集落は、さらにこれまでに触れてきた諸性格によっても補強されるようだ。まず、宗教のうえから、ひとつの集落に、異なった宗教をもつ人々が住む。もちろん、ヒンドゥーだけの集落もあれば、パンジャブ地方に見られるように、シーク教徒だけの村もある。しかし、インドでは、多少のモスレムや、仏教徒や、キリスト教徒が住んでいても支障がない村のルーズな組みたてがある。

巨大な〈混成系〉

また、物的な環境は、建築とシェルターとしての樹木の〈混成系〉であるといえる。樹木を建築の延長とする手法は、どこにでもみられるといえるかもしれない。場所によっては樹の幹をくりぬいて住む人々もいる。しかし、日本に住んでいると、樹木は建築の延長であるかと思われるが、意外にこうした樹木にたいする見方、手法化の例は少ないのである。インドでは、住民は樹木の延長であるといった見方さえできるのだ。さらに混成を助長する要因として、中心が分解して多極的であること、たとえば古い寺院と新しい住居といった異種の形態的要素の同時的存在を附加することができよう。

集落が、それ自体ひとつの〈混成系〉としてとらえられるにとどまらず、集落の見かけ上の形態がそれぞれ地方によって異なるという意味で、インド全体が巨大な〈混成系〉として見えてくる。私たちは、ブッダガヤへ行く途中、ガヤという町を通った。このあたりは、インドではめずらしく透明で静かなオアシスに似た風景で、ブッダが悟りをひらいたと伝えられる場所にふさわしい。

しかし、いまも私を旅の記憶にひきもどすのは、静かな曼陀羅をえがくサンク・ガーデンでむかえた夕べではなく、そこからわずかに離れたガヤの一画で見た人々が住む凄まじい情景である。さまざまに建てられた住居群、かつては威厳もあり、端正であったと思われる寺や池、それらがいま半壊した状態のなかに、半裸の人群がひしめいて、なにやら異様な香の匂い、人の叫び、気ままな人の動きがいりまじって、一幅の絵図のなかにいるようであった。それは、こわれものとしての集落、つまり〈混成系〉の現象的な極である。

しかし、集落には必ずや秩序がある。〈混成系〉を保存する空間的な秩序が、集落にないはずがない。それを読みとるために私たちは、旅をしている。

4　分離可能な空間

インドの二面性

インドが多くの人々にとって、神秘的に、少なくとも魅力的に感じられるのは、今日でも、そこに互いに対立するふたつの性格が同時にみられるからであろう。そして、この二面神的な像は、ふたつの離れた位置からの照明によって、私たちの前にあらわれる。

そのひとつは、マルクスをはじめ、H・S・メイン、バーデン・パウエルらによって手がけられ、今日にいたるまで連綿と続く社会学的な照明作業であり、日本でも福武直、中根千枝氏らの多くの優れた研究者が照射するインドの像である。それは、いわば〈共同体のなかに生きる人間〉からなるインドの像である。

この研究の系列は、専門外の者には、およそ推測もできない厖大な体系であるが、傍目からすると、マルクスによって抽出された共同体のひとつの典型としてのアジア的生産様式を写すインド集落は、やがて多様な相をあらわにし、現在では、個々の集落の具体的記述へと細分されてゆく傾向がみられる。そこでは、よくいわれるように小宇宙的共同体の像はしだいに崩れゆき、マルクスの規定もさまざまに補強されねばならない状況にあるにしても、依然として共同体のなかの人間のイメージは強い。

私たちの旅の印象からすれば、もっとも素朴に、インドの人々はなぜ、ああも密着し群れて住むのかという感嘆につながる。時として離散して住む場合もあるが、その比率は少なく、ほとんど平地に島状の住居群を形成する。このようすは、共同体のなかの人間のイメージの起点であろう。

もうひとつの照明は、ヴェーダからウパニシャッド、それから仏教、ジャイナ教などの、宗教あるいは哲学の奥知れない体系が照らし出すかにみえる〈個体として生きる人間〉のインドである。

インドの土着の神々、その神話、あるいは民話や日常の人々の思考にいたるまで滲透している多極的な、個体的な原理が、この照明にくわわり、西欧が、東洋を語るときも、この人間の個体性にしばしば関心が払われてきた。そしてビートルズの《レット・イット・ビー》、幻想の世界に至る。特に、私たち日本人にとっては、日本的なものとみなしている日常のあれこれが、インドに起源することを知るにつけ、死に向けて走るわが身が漠然と知る仏教をとおして、そのふるさとであるインドへと意識が向かう。

私たちの旅の印象からすれば、なによりも集落における物的なからくりの欠如、統一されたものの欠如、透明なるものの欠如が、観念の領域でこの欠如を補完している個体としての人間の所在を思わせる。

おそらく、造詣深い人々にとっては、インドの二面神的な像はなかろう。しかし、断片的にしか知的体系を知らない者からみると、こうして照明されるインドの二面性は、ただ不思議としか思えず、そのためか、現場に立つ前までは、インドの集落が、一体どんな風景をもつのか想像もできなかった。

ある文化が生んだ共同性のある空間の概念は、もののうえに射像されているのではないかと私は仮定する。その空間概念は、文化が所有する論理の構造と深くかかわるだろう。

ものに投影された空間概念

こうした、思考のみちすじからすると、たとえば、仏典から学ぶ全否定の論理としての〈空〉は、どのような空間の構造としてあらわされるのだろうか。〈空〉はときに、情景として理解できる。古典としての短歌が、茶の美学が、〈空〉が支配する場面を暗示してもいる。それは、空間の構造ではなく、場面、つまり現象、出来事なのだろうか。欠け落ちた風景は、〈空〉がさししめす状況なのだろうか。たとえば《大日経》にみる全否定の記述と全く同型の記述が、《ブリハッド・アーラヌヤカ・ウパニシャッド》で、不滅のものをめぐって展開される。

　こうした文化において中軸をなす論理は、人々の感情や日常的思考に滲透して、やがてはなんらかのかたちで、ものの世界にもあらわれてしまうものなのだ。古い文化が生んだ論理や美的理念を、モスクも混在している集落に見ようとするのは奇妙かもしれないが、古くからの諸制度は、私たちが訪れた集落のなかで、より純粋に生きていた。また、同系の論理で〈梵我一如〉として説明される射像の原理は、もしインドの村落共同体を小宇宙的に理解すれば、その言葉のかぎりでは、ある程度符合するものがある。しかし、それは無理である。梵我一如は個人への射像なのだから。

インドの集落空間的組みたては、共同体のなかの人間を説明する村の土地所有形態、カースト制度、家族制度についての諸研究が、わかりやすく説明してくれる。

しかし、一般に、物的な表現としての集落は、そうした諸制度の理解なくして、空間の組みたて方、つまり空間に即した形態として理解できる。たとえば、イスラム世界の集落がよい例である。イラクの〈家族島の集落〉は、その社会制度がどうなっているかを知らずとも、もし形態を正しく把え説明すれば、おそらく社会学的な説明とある部分では重なるに相違ない。その根拠は、その集落が、長い時間に耐えたというところにある。そして、集落における住居の配列の形態には、空間概念が典型的に示すものの配列、たとえばコスモロジカルな空間表現とも一致するだろう。

私たちは、曼陀羅のような集落があらわれるのではないか、と夢想していたりした。しかし、古代インド都市にみられたような、整合性のある集落も、曼陀羅の写しのような集落もなかった。集落は、もっと柔らかな、しかし、曼陀羅の特性としての平面上の領域区分、つまりゾーニングを、もっとも重要な原理として、そなえていたのだった。

分離可能性

私たちは、欠け落ちた風景、からくりの欠如、混成系といった旅の途中でみつけだした言葉を、新しく訪れる集落に立つごとに、吟味した。インドに向けられているふたつの照明や、それをめぐる疑問をかかえながら、集落が共通にもつ、秩序の原理を読みとろうとつとめた。

たしかに、インドの集落は、混成系である。しかし、おしなべて、社会的関係の秩序概念が、カースト制やジョイント・ファミリー制などによって説明されている以上、集落空間にもそうしたものがないはずがない。多様な外形をもつ集落が共有する、空間的秩序をさぐるために、旅にあって、また旅を終えたあとにも、解読作業はくりかえされた。

住居内部のゾーニング、住居の〈閾〉としてのヴェランダ。トーラ、住居の配列の方向的規準となる二軸直交性、広場というより道と一体となった分岐度が高いあき地、トーラあるいは村の縁《エッジ》に位置する傾向が強い共同施設や宗教的建築の位置、多極性、これらの秩序づけの手法群に必ずともなう領域概念等々が、ほとんど全ての集落にあることがわかってきた。

こうしたインドの多様な集落群を共通に秩序づける領域的な方法からすると、そこには集落を構成するという感覚は弱く、遠い過去、はじめに人々は集まって住み、その状態を分離することによって秩序だてたという集落形態の発生経緯が感じられる。

私たちが、インドの集落を訪ね歩きながら探していたことばは、それらの空間を説明する概念は、分離可能性ではなかったろうか。だとすれば、もっと早く気づいてよかったはずだ。ドアを閉める、城門を閉じるといった分離の記述は、空間的構造を説明する最初の記述なのだから。ところが、私たちはインドに行き、意味の解読をくりかえし試みるまで、連結性を保存しながら、さまざまなレベルで、分離可能な空間の組みたてがあるとは知らなかったのだ。

これまでの〈単一系〉の集落では、分離される領域が限られている。分離機構をできるだけ制限して明確にし、あとは連結を意識し、ふたたび集落全体を他の集落と分離する。たとえば、キリスト教典型集落では個室、イスラム集落では住居、スペインの横穴集落では近隣クラスターと、分離機構が強くはたらくレベルが決まっている。

これらの分離の程度にたいして、インドでは、いずれも連結性を残しながらであるが、個室の概念はないが住居の内部で、住居として、近隣として、近隣の集合として、分離可能である空間を下敷きにして、実際の集落が成立している。ただこれらの分離は、境界としてのからくり、メカニズムがないために、キリスト教の集落における個室のドア、イスラムのメディナにおける住居の壁と扉あるいは城門といった分離機構にくらべると、いずれのレベルでもきわめてルーズである。

インドの集落は、分離可能性を最大限に埋めこもうとした空間構造をもつ。住居形式をかえ、中心を分極し、ゾーニングをはる等々の工夫でも満足できず、最終的には建築的なからくりを放棄して、あき地を用意する。一方、個人と集団の、あるいは集団と集団の、さまざまなかたちの分離可能性を残すために、空間の連結性も保存しておかなくてはならない。なぜなら、特定の分離条件のために境界をつくれば、それだけ他の分離可能性を失ってしまうからだ。こうして、ある段階で、分離と連結の物的制御を停止しなくてはならず、あとは人々の意識と行動によるさまざまな領域の形成にゆだねることになる。その物象化を中断した姿が、欠け落ちた集落の景観である。いいかえれば、空間の構造に、形象がおいつけないでいる風景である。そして、この非決定、非制御の性格をもった構造が、空間的な〈閾〉の弱さにもなり、外部からの侵入をゆるすことにもなる。

原理としての分離

こうして、空間に高い分離可能性をみるとき、私たちが漠然としてとらえているインドの二面性、〈個体としての人間〉と、〈共同体のなかの人間〉の両義性の両極を連絡する、ひとつの原理としての分離があるように思える。

共同体のイメージは、ふつう一体的なもの、共存するもの、同等なるものを思わせる。しかし、それらは、同時に、使用する権利の分布、避けがたい矛盾を解決するための単位としての集団の分離、富の分配を意味する。マルクスは、この連結と分離のあいだに、矛盾のない世界のイメージを提起したのだろう。インドが、今日、さまざまな限界と障害をあらわにしながら、なお示唆的であるのは、共同体として生きることを公理として、いずれの体制をとっても不明になりつつある分離の構造を保持しているからであると思われる。

インドの内的な組みたてを説明する諸概念、ジョイント・ファミリー、カースト制度、集落形態としての混成系(ジョイント・タイプ)などが示す内容は、連結性よりも分離性が優位にたつところを示しているように、集落を見る私の眼にはうつる。そして集団的な諸段階にはたらく分離としての諸制度の最後にのこる、〈個体としての人間〉を相互に分離し、自立させる規約としてのインド思想があるのではないだろうか。

5　インドに学ぶ意味

こわれものとしての風景

多くの人々によって、精神としてのインド、あるいはより具体的に、人間の生き方に感動がともなうインドが、これまでに語られてきた。それにたいして、インドがものの側から語られることは、比較的少なかった。むしろ、図式として、物質にとらわれない心の所在としての東洋・インドが、西欧に対置されていて、この図式にはさしたる疑問をはさむ余地はない。

事実、インドには、古代文化は別として、ものの姿となってあらわれる文化的所産は少ない。集落ひとつをとっても、そこにある人間関係、社会関係は、鮮やかに説明されていて、西欧には見られない類型がえがきだされる。にもかかわらず、物的な構えとしての集落は、人間的諸関係がえがく構図のかげに、遠くかすんでしまっている。

こうして常識となった図式は、西欧近代が目標としていた個人の確立が、逆に西欧近代のな

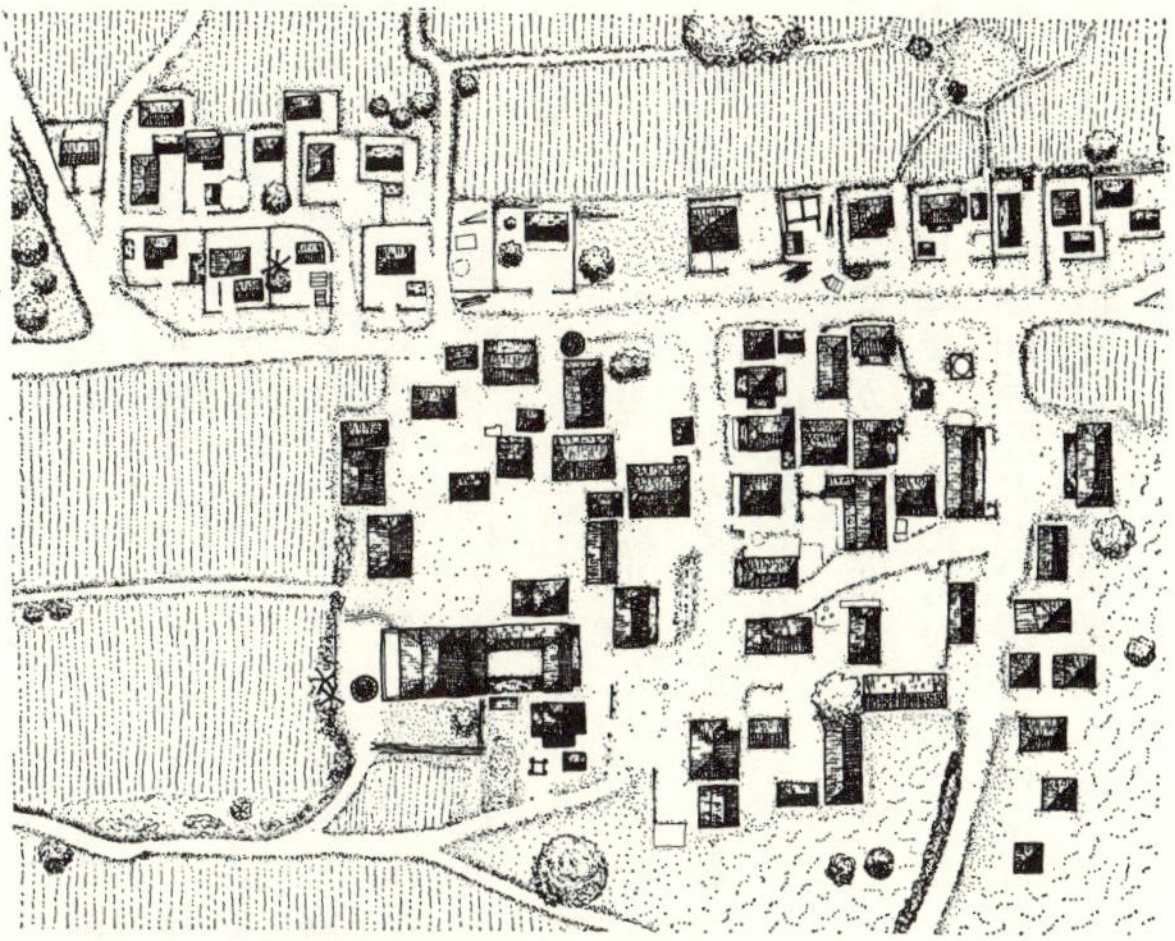

図22　インドの集落ジュナパン

かで危うくなっている事情をみれば、ますますいきいきとしてくるともいえる。インドの人々が、集団のなかで、強く個人を保っているようすは、管理社会にあふれる操作と制御のネットワークのなかで自己を失うありさまと、きわめて対比的ではある。

しかし、この図式は、遠くからインドを見るときにえがかれる図式であるともいえる。制御することにさしたる関心を払わないインドが直面している現実をみれば、インドにおける人間のあり方を、そのまま社会的にもちかえろうとする考えは、特殊なコミューンを発想する者以外は、まず採択することはなく、個人の知的武装としてインド的なるものを吸収しようとする態度で終ることが通常ではないだろうか。

たとえばカースト制度ひとつとってみても、それがある限り、共同体のなかの個人を意味深く抽出しようとしても、カースト制をはずして制御なき社会は存立しないという論議になり、インド社会は、近代化された社会、あるいはそこを起点として想起される多岐的な延長線上にも、有効な姿をあらわさない。〈アジア的生産様式〉をめぐる論争が、具体的なイメージを喚起するまでにいたらないのは、歴史的事実認識や解釈が判然としないからではなく、現在生きているインドをとおして、なんらかの共同体の像をえがききれないからではないだろうか。そうした、一般的認識からぬけでていない私たちの眼にも、インドの集落は、こわれものとしかうつらない。

差異の保存器

けれども、通念化した図式をめぐって、事情は少しずつ変ってきているようにも思われる。たとえば、環境論が展開するなかで、アメリカの都市の内部に、インドのトーラに見るようなゾーニングがあって、人々は無意識的に、自己の領域を限って生活していることが、重要視されてきている。また、アセスメントをめぐって、利害をわける集団があらわになってきてもいる。そして一方では、生態系のモデルが提出され、異なった生態系相互の作用関係などが、環境論の視野に入ってきている。

こうした事情を背景に、異種なるものの同時存在の問題が意識されるようになったと思われる。もちろん、こうした同時存在への関心は、階級的な視点をぬきにした共存思想と裏表であって、注意しなくてはならないが、たとえば地域性というとき、そこでは力の分散だけではなく、異なった質をもつ文化の同時存在と、相互作用についてのイメージなくしては、語ることができない。このような視座からもしインドを見るならば、生きているインドに向けて、西欧文化圏からも別な角度で照明があてられるように思える。

それは、インドにあふれる差異性を、現象的な角度から、相互作用をみて、その関係性を、ひとつの例としてとらえるのではなくて、インドを差異の保存器、あるいは培養器としてとらえて、その器の仕組みをさぐる視角であり方法である。

ものあるいは空間の側面からすると、インドには、あれやこれやの物的なあらわれをもつ集落があり、それらが数量的にどう配分されているか、あるいは異なったトーラがどんなかたちで接触しているか、といったアプローチは有効でない。むしろ、そうした諸現象を生みだす基盤となる形態的な空間の仕組みを読みとり、その仕組みで具体的な現象がどれだけ説明でき、処理できるかを、現在の日本の都市空間のなかで試みるというアプローチこそが有効なのではないだろうか。それが、インドに学ぶという意味であるように思える。

あき地の思想

生態学的な手法は別としても、ゾーンの内部に中心をおかずゾーンの縁《エッジ》に共同性のある特異点をつくる手法、定形の広場をつくらずに連結したあき地をとる手法、遮蔽としての境界をとらずあき地を多様に分岐する手法などを具体的にともなっている自由な空間は、いま私たちの建築や都市計画においてたいへん示唆的であり、暗示的だ。これら、分離のための手法群は、ゾーニングの質とは無関係に、それ自体で意味をもつ。当然ながら、制御の感覚から遠ざかってゆく手法であり、高密度社会で実現できる性質をもっている。

しかし、私たちには、まだインドの集落の空間的組みたてが、感覚的にも、十分にとらえきれていない。私たちの調査方法に限界があることもたしかだが、ほとんどは私たち自身の想像力にかかわっている。私たちは、インドから帰って、程度はしれているが、これまでになく学習を強いられた。それほど、インドの集落は、私たちの感覚からはなれたところにあった。

欠け落ちた風景が示唆した分離可能性は、境界を解体することによって、現代を覆おうとしている均質な空間に対抗する新しい空間に向けて、重要な意味をもっているのではないかと、私は直感する。ものを現象的な配列のなかに封じこめて制御し体系化すること、これを形象とよべば、インド集落の空間構造は、形象をこばんでいる。直截にいえば、それは〈あき地の思想〉の形成を暗示している。

V

集落のある〈世界風景〉

——西アフリカ——

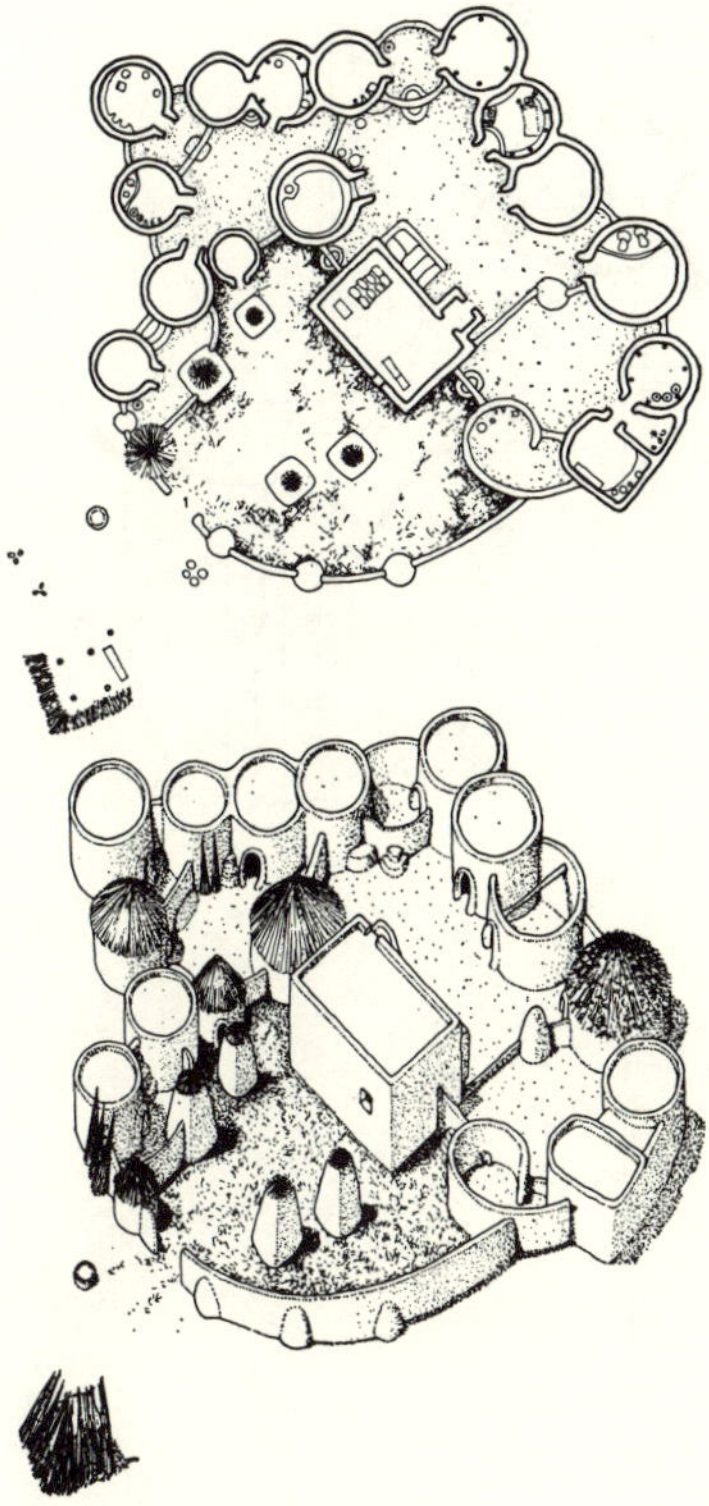

コンパウンド

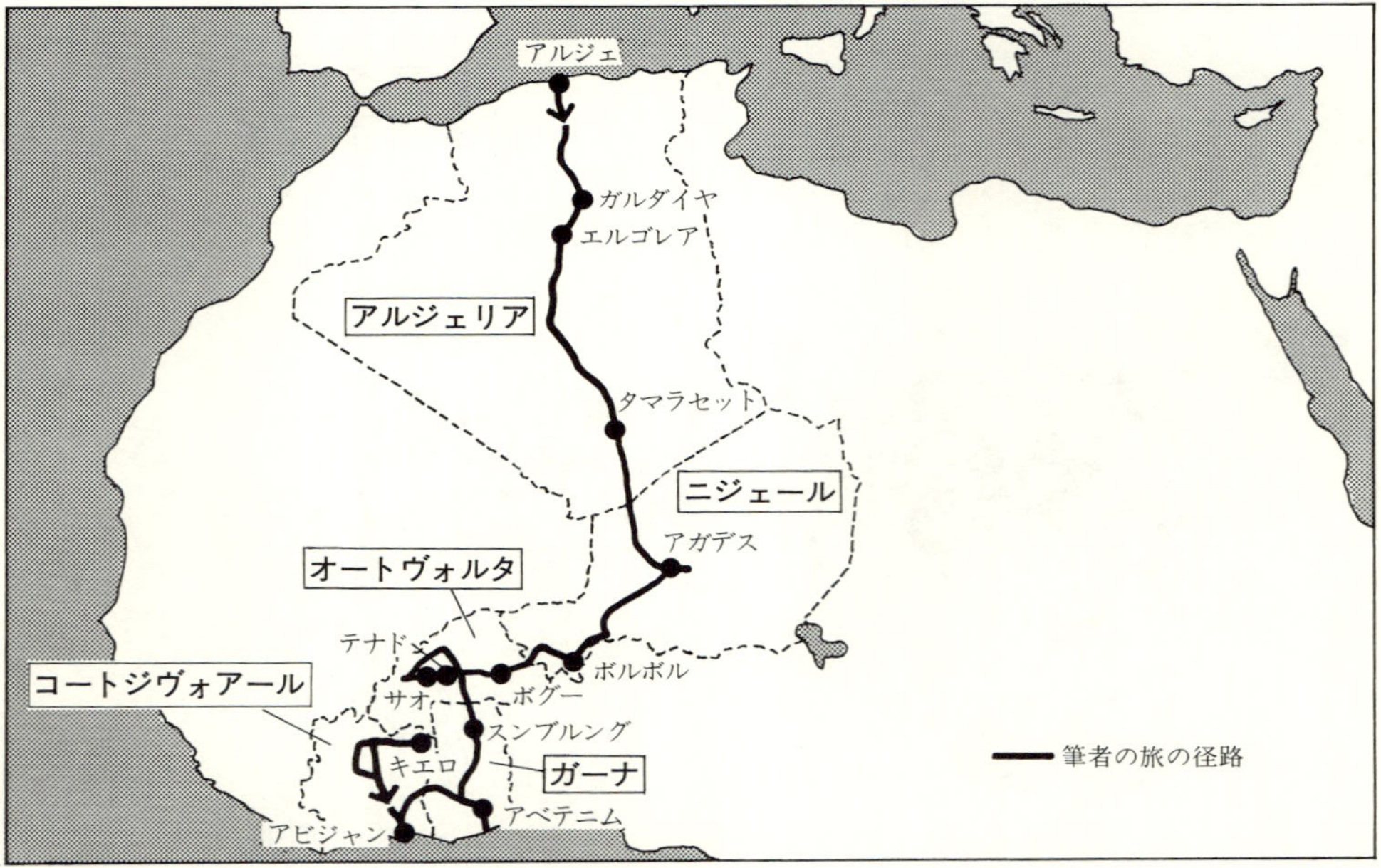
アルジェ
ガルダイヤ
エルゴレア
アルジェリア
タマラセット
ニジェール
アガデス
オートヴォルタ
テナド
ボルボル
サオ
ボグー
コートジヴォアール
スンブルング
キエロ
ガーナ
アベテニム
アビジャン
筆者の旅の径路

1　サハラを行く

アルジェリアにて

私たちは、日本から、二台の四輪駆動の車を、バルセロナへ送った。今度の旅は、いままでになく小人数で、六人である。バルセロナからマルセーユまで、一気に走った。アルジェ行きのフェリーボートを待って、コルビュジエの名高いユニテ・ダビタシオンを訪れた。この建物は、近代建築の記念碑とみなされているが、その言葉通りに毅然と、そしてやや古典的に立っていた。私たちは、図面や写真によって熟知しているこの集合住宅建築の中間階にあるホテルに宿をとって、子供のように得意になった。風が、地中海から強く吹きつけていた。一九七八年の暮れのことである。

コルビュジエは、建築が社会の制度にはたらきかけると信じていた最後の建築家である。それだけをとっても、偉大である。思えば、私たちが集落への旅をはじめたのも、コルビュジエに映った中世集落を自分たちの眼でたしかめてみようというちょっとした決心がきっかけだった。いま、多少集落に馴れた眼から、コルビュジエが新しい共同体の夢をたくしたユニテ・ダビタシオンを見ると、そこには古い集落だけがもっている建築的な正確さと必然性とがにじみでている。

翌日、フェリーはひどくゆれた。アルジェは自動車で混雑しているうえに、他の社会主義の国と同じように地図を売っていないから、ちょっとした場所を探すにもひどく苦労する。東欧でも、私は地理の教科書を探してみた憶えがある。アルジェリアの地理の教科書も、ひどく単純である。地図がない国や町で、よく地理が教えられるものだと思う。私たちは、いろいろな国のビザをとらなくてはならない。しかし、覚悟のうえとはいうものの、時間がかかりすぎる。

近くのローマの遺構や集落を訪れたりしながら、たえず時間や経費について計算し、これからの旅程の計画案をいくつもつくって検討をくりかえした。その結果、もっとも単純なコースを決断して、四日の後にアルジェから出た。目的からすると、大きな都市ほど退屈なところはない。都市を出ると、とたんにいきいきとしてくるのが常である。

私たちの目標は、サハラ砂漠の向こうである。まもなく、アトラス越えにかかった。雪が降っている。寒さのなかで一夜を過ごし、まもなく最初の集落調査のコースをたどって、ムザッブの谷へ向かった。あの奇跡的なガルダイヤなどの七つの小都市に、再び行けるとは思ってもみなかった。最初の旅では、アトラスの平坦な台地に百八十度の虹がかかっていた。あたりの自然のあまりの爽快さに、非現実感に打たれた。

小山の頂きに、孔があいたモスクの塔がたつ小都市は、以前と同じように華麗に立っている。空間がハレーションを起こしている。私たちは、数年前と同じ視点に立って、重なりあう都市群をあかず眺望した。もし、世界でもっとも興味深い現存する三つの都市をあげよとたずねられたら、私はこのムザッブの谷の小都市と、ヴェニスとニューヨークをあげる。この三つの都市は、それぞれ、求心的空間、中心が分散する空間、均質空間の典型にもなっている。

私たちは、いつも先を急ぐ。これからが、いよいよサハラ砂漠だ。まっすぐに南下してゆく。なぜ、砂漠はこんなに快適なのだろうか。道路はまだ舗装されていて、まわりの砂はかたい。途中、エルゴレアを過ぎイン・サラではじめて夜営した。ここで、点状に分布するオアシスのベルベル人集落を訪れようとして、はじめて自動車が砂に沈んだ。

この時は、まだサンドマットを持っていなかったので、大事をとってひきかえしたが、道をたずねた黒人が私たちを見て笑った。「砂が多いだって？　ここは全てが砂さ」。私たちは、タマラセットに着いた。

サハラ越え

これからがいよいよ、サハラ越えである。アルジェリアの南端の町タマラセットのホテルには、らくだによるツアーが組まれていて、一日コースから、一週間コースまで、さほど高い金額ではない。町の大きなあき地は、これからサハラを越えるパーティでにぎわっている。北欧からきたトラック改造車のパーティ、フランスの女子オートバイ隊、ドイツのバスのグループ、ベルギーの二人組、イギリスのオートバイと自動車の混成チーム、イタリアの新婚カップル、スイスの老年組、さながらインターナショナル・レースの観がある。

一望したところ、およそ、二十パーティがたむろしている。それぞれに、車の調整やら水の調達、ガソリンや食糧の買いこみに忙がしい。これからニジェールのアガデスまで、標準的には三泊四日の道のりだそうだ。

私がサハラを縦断しようと思ったのは、地図にはのっていない小さな集落があるにちがいないと考えていたからだった。しかし、それはとんでもない見当ちがいだった。オアシスは、そんなにあるものではないのだ。たしかに、全てが砂である。小さなマーケット広場で、トアレグ族の人々に会う。彼らが首から下げている奇想天外な財布が、日本の正月のしめ飾りの色調と極似している。また、草のサンダルが、いかにもアフリカ的な形と模様をもっている。オレンジジやジュースのかんづめを、日本やフランスから持ってきた食糧につけたして、鉄板のサンドマットやスコップを買いこみ、警察の手続きをすませ、私たちはあわただしく砂漠にのりだした。

サハラ越え——これはまちがいなく現代のもっとも面白いスポーツである。と同時に、私たちの集落への旅で、はじめて体験する遊びでもある。道は、ないとはいえない。しかし、道を走ることは、必ずしも得策ではない。道は、時に、荒い洗濯板状の小刻みな起伏が続いて、車体は異様にきしんでいまにも分解しそうになる。また、時に、道の砂は雪のように轍《わだち》で掘りこまれ、車はたちまちうずまってしまう。だから、まず道からはずれ、広漠たる砂面のなかで、進路を瞬間的に選び、決断しなくてはならない。

ドライヴィング・テクニックと進路にたいする判断力が、絶えず問われている。「右！　左！　直進！」と、私たちはわめきちらし、スタック（砂に埋まること）すれば、車から下りて、スコップで砂を除き、サンドマットを車輪にあて、後から車を全力で押し出す。砂がやわらかなところでは、百メートルも進めば、またスタックする。そんなところには、車を再び戻せないから、頭から照りつける光のなかを、鉄のサンドマットをひきずって、先に押しだした自動車が待っている地点まで歩いてゆく。こうして、さまざまなパーティに追いつき追いつかれして進んでいるから危機感はない。

砂漠には、苦境にたつ人を放置してはならないという絶対の不文律があるから、スタックした他人の車を見過ごして先に行くことは許されない。少なくとも、「大丈夫か」と声をかける。たいていは安定した砂面まで行き、スタックした車の押し出しを手伝いに歩いてひきかえす。時には、スコップやサンドマットを用意してきていない、他人まかせののんきなグループがいる。そうすると、道具をもって行き、また持って帰ることになる。どことなく登山のようでもあり、救けあい運動のようでもある。

イタリアの新婚のカップルには悩まされた。彼らは、私たちが手伝って砂のなかから車を押し出してやると、私たちを追い越して先に行き、すぐさまスタックして私たちを待っている。

やっとのことで押し出すと、調子よくむやみに先へ行こうとするから、またスタックする。するとまた、私たちは鉄板をひきずっていかねばならない——。あきれた「シジフォスの神話」である。

フランスの女子オートバイ隊が、強い日差しの下で止まっていた。故障したらしい。日本のオートバイだから、直せるだろうという。旅のメンバーの一人の佐藤潔人氏が、修理に挑戦することになった。彼は、同型のオートバイを選んで、二台を解体しながら部品を置き換えてはチェックしてゆく。次々とパーティが集まってくるので、砂漠のどまんなかで人群れができた。「二台も壊してしまった！」と叫ぶ男の声や、少女たちの泣き声の騒ぎのなかで、ほぼ一時間。サハラに歓声と拍手がまきおこって、それぞれのパーティは思い思いの道を選びながら、南下していった。

砂漠は、蜃気楼で、あたり一帯が水面と化し海に向かっているかのように錯覚する。遠くの岩山は、巨岩となって完全に宙に浮かびあがる。無重力の風景である。先方を行く車は、ゆらぐ影絵となって、水面上を帆走する船のようになる。なにやら難破した船影が、遠方から滲み出ると、それは放棄された車体である。鏡のような水面上に、ぽっとゆらぐ点が発生する。向かって来る車だ。その点はゆっくりと拡がって、やがてゆらぐ帆船となり、その影絵を脱皮するようにして自動車の形が現われてくる。ある時、行く手にかすかな影の群れが発生した。いくつもの細い線がゆれている。突然、それらのゆらぎの群れから、ラクダに乗った白装束の一隊が滲み出てきた。トアレグ族のキャラバンだった。

やわらかな砂面のあたりには、あちこちに断念された旅の痕跡がまとまって発見される。これらは、しばしば死者をとむらう十字架をともなう砂漠の墓標であり、道しるべであり、警報塔でもある。砂漠は、均質でない。稀ではあるが、車は疾走する。そんな時は、轍の群れからはずれて自分の位置がわからなくなる。そして次の瞬間には、車は砂に埋っている。均質性が破れるたびに、宇宙をさまようような感覚から、現実へとひきもどされる。スタックすることは、正気を回復するための意味ある障害なのだ。

スタックした車を押す作業に疲れて夜を迎えれば、気温は零度近くに下がる。およそ五十度の温度差である。巨大な空洞が冷えてゆく感じの夕暮れに、砂丘の影がしだいに濃くなり、やがて闇にとけこんでいった。大いなる静けさ。その昔、ピタゴラスが聴いたと伝えられる天界の音響すなわちハルモニアも、砂漠に住めば聞こえるのかもしれない――。

風の形が砂丘に見られた。よく見れば、風紋が描かれている。風紋は、京都の竜安寺の石庭の砂模様に似ている。砂の波である。砂丘の形は千差万別だった。ある時、風が吹き始めた。またたくまに空は黄色になり、傍に立つ人の姿も消えてしまった。信じられない変容である。この状態は、砂地の海が荒れたときの海中とそっくりだった。私たちは車のなかで、砂漠が澄む時を待った。黒い十字架が墓標となっている遭難者たちは、おそらくこの風が鎮まらなかったときに死んでいったのだろう。私たちは、サバンナの乾燥期をねらって調査の旅に出た。雨のなかの調査は意気上がらないから、避けるのは当たり前であるが、本当の理由は、雨期の間は住居が背の高い農作物に埋まってしまい、集落の視界が遮られてしまうからである。もちろん、私たちはサハラの風があばれださない季節を選んだが、この時ばかりは、多少不安になった。風はまもなくおさまった。

砂漠は、知的にできている。地球は、砂漠において宇宙とつながっている。はてしなく明るく透明で、有機体と情念を排除している。植物や樹木の欠如は、人間や生体の写しの欠如であり、五官を抜き去るはたらきがある。暑いといっても、木陰があるときのように暑くはなく、夜は寒いといっても干わらがあるときのように寒くはない。黙示的であり、幻影と幾何学の母胎である。知恵は、砂漠からやって来るはずである。

2　コンパウンドと円形プラン

アガデスの町　ニジェールの砂漠の町アガデスには、夜半に着いた。暗い町に、地鳴りのような太鼓の音がきれめなく響いて、黒色のアフリカに来たという実感がわいた。この実感は、翌朝、ホテルのテラスからトアレグ族のテントがならぶ風景を見て、さらに深められた。この風景は、サハラの北側で見たオアシスの集落の風景とはまるでちがっている。砂漠越えを楽しみながらも、一方では集落調査をしないで、過ぎてゆく時間にあせりをおぼえていた私たちはさっそく訪問に出かけた。

アガデスの町には、祭りのはなやかさがあふれている。気候の明るさに、休暇の楽しみを求めて集まってくる人々の解放された気分の照度が加わっている。夜に聞いた太鼓のリズムは、よそ者の心をおびやかす脈動であったが、昼のリズムは、とくに太鼓をたたきながらねりあるく子供たちの姿を見たあとでは、逆に、人々の気分を浮きたたせる波紋のように思えてくる。

黒人の若い娘たちの晴衣姿が、ひときわめだつ。もともと、この町には、祭りとしての都市の性格がある。テントで住む人々は、雨期の間、場所をうつして過ごし、乾期になるとまたこの町に帰ってくる。都市は、別々に生活していた人々が、久しぶりに集まってくる場所でもあるのだ。それに、砂漠を越えて来る外人や、これから砂漠に出かけようとする観光客が加わって、生産と労働の集落とは対照的なハレーションがある。いずれの都市にも、こうした休暇の気分があり、それが都市本来のひとつの特性でもあるのだが、アガデスは休暇都市の性格が強い。

この町のテントには、大別してふたつの住み方がある。ひとつは、町中の壁にかこまれた住居の敷地のなかに、いくつかのテントをつくって住む方式であり、もうひとつは町のはずれに住居のあいだの境界を設けず群れをなして住む方式である。両者のみかけのうえでのちがいは単純で、敷地を所有しているかいないかの差異だけである。トアレグ族のテントは、材料はなつめやしの葉や幹をつかっているが、独特な形をしている。平面は、楕円の両端部を切り落とした形なのだが、立体的には、これに類比できる形を例示しようとすると難しい。船体をさかさまにして、やはり両端部を切除すれば、このような形に近いものができるだろう。

コンパウンド

人々は、このテントを二日ほどで組みあげるそうだ。テントの他に、より簡単な組みたての家畜小屋、厨房、トイレなどの要素があって、住居は、区画のあるなしにかかわらずこれら要素の複合的な組み合せである。この複合は、コンパウンドと呼ばれ、今回の私たちの旅は、このコンパウンドを見るために来たといってもよい。とにかく、アガデス以後、オートヴォルタ(現在のブルキナ・ファソ)、ガーナ、コートジヴォアールとまわっていく間に、私たちが訪れたすべての集落は、大家族を擁するコンパウンドによって構成されている。

コンパウンドは、アガデスの町でもすでにふたつの形式があったように、ある時は外周壁にかこまれ、ある時は境界が不可視となり、思い思いに組みたてられる。境界がさだかでない場合にも、コンパウンドの、つまり家族としての集団があいまいであるというわけではない。私

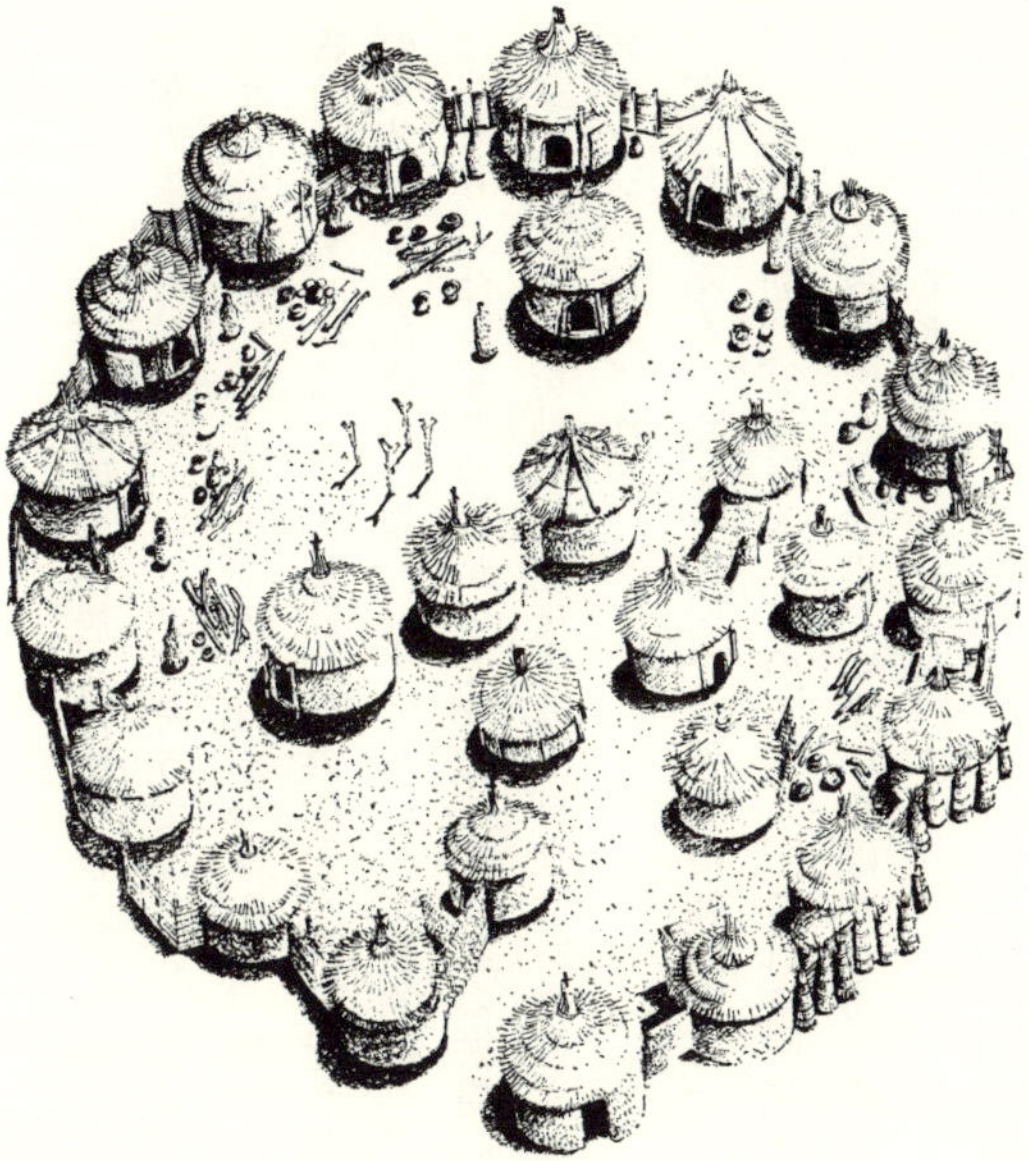

図23　グルマンシェ族の集落ボクシのコンパウンド

たちが見たアフリカの集落の風景は、一言でいって、このコンパウンドの風景である。それは他の地域では見なかった家族構成の複合度がそのまま如実にあらわれている。

これまでに、私たちは、いろいろな地方で、大家族制度の住居と集落を見てきた。しかし、ほとんどの場合には、住居は建築的に一体であり、家族の主要な成員に対応する領域的な単位は、部屋である。それにたいして、トアレグ族をはじめ、ハウサ、モシ、グルマンシェ、セヌホなどの部族では、領域的な単位をテントや円形プランの建物、つまりひとつの棟に採る。この単位のとり方のちがいが、風景のちがいとなってあらわれる。

しかし、大家族制度の住居を部屋の要素に解体してそれぞれに屋根をつければ、アフリカの集落の風景になるかというと、そうではない。まず、かまどを大勢の妻のそれぞれに分割しなくてはならない。トイレあるいはシャワーも、場合によっては家畜小屋も穀倉も分割しなくてはならない。つまり、大家族制度の住居を「部屋」から「棟」に解体したとしても、アフリカの集落のような風景は現われてこない。本質的に、アフリカのひとつの住居は、分有と占有がはっきりした多数の要素からできている。この縦横に複雑な人的関係をもって一体となっている家族に、女性を軸に、主な成員に自立性をあたえ、空間的に秩序づけている物的表現が、コンパウンドとよばれる。

町に敷地をもつテント住居で学習した知識をもって、住居の区画なく、テントが群れてひろがる場所を訪れ、寝室としてのテント、これに附属する厨房、トイレ、家畜小屋などの配置図をつくってみると、多少のあいまいさは残るものの、それぞれのコンパウンドのまとまりが可視的になってきた。

この領域は、インドの集落に見られる「トーラ」に比して、よりおおらかであり、差別はなく対等である。ここでは、家族が、社会のなかでの強い枠組であって、少なくとも建築的に表

図24　ハウサ族の集落アゼール

現されている範囲では、家族より上位の集団的枠組は、部族または村になる。

アガデスの町から数キロ離れたところに、オアシスに住むハウサ族の集落があった。そこのテントは、やはりなつめやしを素材としてつくるが、平面は円形である。私たちが調べたのは、コンパウンドの数にして四十ほどの集落である。おのおののコンパウンドは、テントと同じ材料の塀で区画されている。中央に、石積みの低い塀でかこまれたモスクがある。モスクといっても中央に簡単な陽除けのためのあづまやがあるだけだった。ただ、コンパウンドの塀が思い思いの形をした閉曲線をえがいているのにたいして、モスクの領域は方形に区切られている。

円形プラン

西アフリカのサバンナ集落の建築的特徴のひとつは、円形プランにある。円は、いろいろな場所と時代に、空間を秩序づける手法としてあらわれた。また古くから今日にいたるまで最も初源的な形体として、科学と思想とイメージを誘導する幾何学的媒体となっている。集落に関心を持つ私たちの感覚では、円といえばアフリカを思う。それほど、円形プランの建物を民家のレベルで、他に探そうとするとむずかしい。日本でも、遺跡で円形プランを見出せる。おそらく、時をさかのぼれば、他の地域でも探すことはできるだろう。

そうした意味で、円が残っている状態は、プリミティブな段階の持続を思わせる。たしかに、円形プランの屋根は、傘のように造れるのだから簡単である。でも、彼らは一方で、方形プラ

図25　ハウサ族の集落アカブーヌーの穀倉

ンの建物もヴォキャブラリイとしてもっているし、円形プランに陸屋根をかけたりもする。技術や材料にしばられているわけではない。彼らは、まずふたつの円を組みあわせて、半円形の前室をもった建物や、円形の建物のなかに、もうひとつ建物があるといった不思議な考案をしている。方形プランの建物の前庭を円形でかこんだりもする。細分された住棟に加えて、サバンナの集落の風景を決定づけるもうひとつの要素である巨大な穀倉のつぼのほとんどもまた、円形断面である。彼らはまた、平面に円を連続させて壁を立ちあげ、波うつ壁をつくりだす。要塞のように閉されたコンパウンドは、しばしばこの波うつ周壁にかこまれている。私たちが驚かされたのはレラ(グルンシ)族の住居である。最初このコンパウンドに入ったときは、あまりの空間の異様さに、住居の間取りがどのように組みたてられているのかさっぱりわからなかった。彼らは、円をいくつも重ねてならべてその線上に壁をたて、奇妙に複合した空間をつくりあげている。

部屋の壁は、すべて弧状に曲っており、三つの部屋が連結して単位をつくり、しかもそうした単位が五つ六つと連続している。ひとつのコンパウンドは、そうしたブロックを四つほどもっていて、中庭には、それぞれの三つ組みの部屋に対応した円形の前庭があって、中央には二十にちかい円形プランの穀倉が立つ。まったくのところこのコンパウンドは、円をつかった遊びだとしか思えない。

コンパウンドには、その他、方形プランの棟や家畜小屋があって、さながらそれ自体でひとつの村、ひとつの町のようだ。それはまた、ルネッサンス期からあらわれた、同じ幾何学的平面を重ねあわせてつくる理想都市の手法に共通する性格をもっている。

円の表示するもの

建築にあらわれる円が表示する意味はいろいろあるだろうが、いずれの場合にも完全なるものをあらわしながら、ひとつには中心性にまつわる意味、もうひとつは個体、あるいは単位をさし示す意味がある。後者は、閉曲線の代表としての円といったとらえ方で、アフリカの人々はこれに関心をもったのではないだろうか。そのように思えるふしがあるのは、円型プランの建物や前庭を使うときに、中心にたいする配慮がほとんど見出せなかったからである。

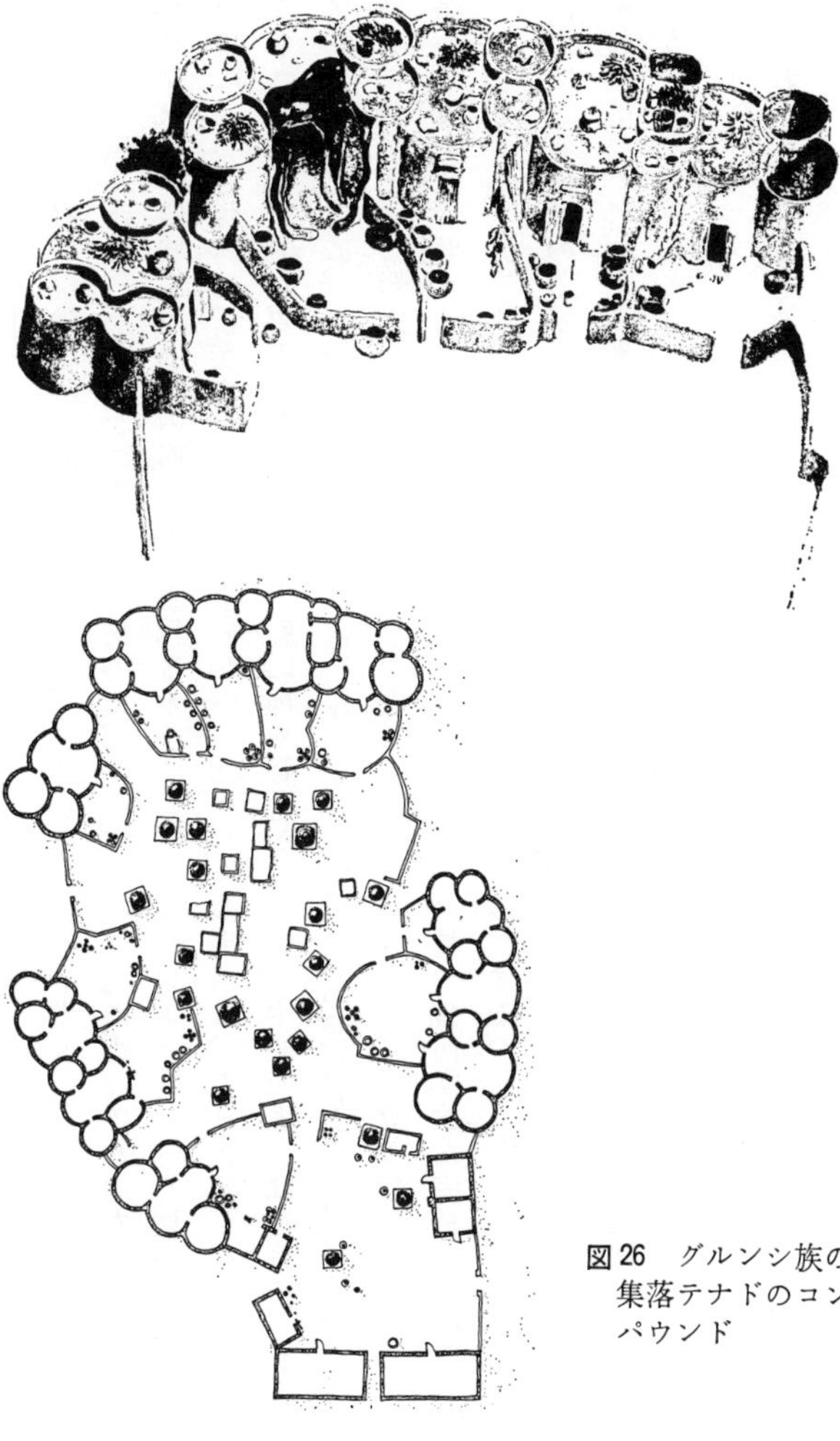

図26　グルンシ族の集落テナドのコンパウンド

部族によって中心に柱をたてる工法もあるにはある。しかし、その場合も壁面に意味があるように思えた。柱を除けば、中心に聖なるもの、あるいはかまどを置くといった使われ方はなく、あまり広くない円形プランの都合上もあって、たいていは壁面に添ってものを配置する。コンパウンドの領域が、ほぼ円形でかこまれるときにも、グルマンシェ族の村で見かけた中庭に家族にとって共同の石うす小屋を配置するといった中心性の表示は、さほど多くなく、この村でもコンパウンドの要素が多くなれば中庭に棟や穀倉が立って、中心の表示は薄れてしまう。

アフリカの集落に、直径五、六メートル程度の小さな円形プランの建物がつづいたのは、コンパウンドが住居の形式としてつづいたからであろう。コンパウンドの成立基盤となる自立性を保存した空間的要素には、円こそもっともふさわしい。円の持つ幾何学的な完結さと緊張が、コンパウンドのなかの棟、つまり住居のなかの小さな住居を表現するのに似合っている。

円形による領域の分離こそ、コンパウンドの構成にあっては明快な手法である。原始の幾何学や技術的必然性による説明より、制度と意味のうえから円形プランを説明するほうが自然であろう。

こうして、コンパウンドと円形プランというふたつの特徴に、サハラを越えてすぐに出会った。それからの旅は、ふたつの特徴をめぐる旅であったといえる。

3　建築のなまり

サバンナにて

サバンナに入っても、相変らず砂に悩まされた。砂漠と交錯するサバンナのいら草がつくる色調は、あざやかで明るく、幻想のなかに豁然として広がる風景のようである。若麦畑のように見える草のじゅうたんに踏みこんで、ひどい目にあった。とげだらけである。私たちは、以後注意深く歩くようになったが、子供たちは平気で素足のまま歩く。やがて、バオバブの木もあらわれてくると、幻想から民話や童話の領域へ移ってきたようである。

このあたりになると、落葉した木があると思えば、新芽で萌えたつような木もあり、濃い緑もあれば、紅葉もあるといったふうで、私たちには四季を同時に見るようだ。とにかく、サバンナ一帯の風景は、少なくとも通過する者にとっては楽園の風景である。

最初のうちは、夜営したあと片づけをしていたが、やがてその必要がないことがわかった。朝になると、子供の話で大人たちも集まってきて、私たちが残すすべてのものを年長者から順番に拾って、一瞬のうちに片づいてしまう。村は近代化されていないけれど、オートバイに乗ってラジオをもち、腕時計を光らせて、サングラスをかけ、輪で頭におさえつけた白い衣をひらつかせて走る青年は、まさに月光仮面さながらである。

村の人々は、このうえなく好意的で、すぐに仲良くなる。黒い アフリカに来る前に、私は黒人たちの表情がうまく読めるかと心配した。今度ばかりは案内が必要だろう。誤解によるトラブルや、ときには襲われるようなこともあるかもしれない。が、そうした憶測は、私が強く反省しなくてはならない偏見でしかなかった。

彼らの祖先が、かつて奴隷にされてしまった理由がわかるような気がする。あまりにも、お人好しで警戒することを知らない。多くの村で、薬をもっていないかと尋ねられたり、傷を負った子供たちを連れてこられたりする。村から離れて夜営していても、伝え聞いてらくだに子供をのせて手当てをしてくれとやって来る。注意すべきは、自動車だけで、これには私たちは逃げまわるのに終始した。橋の上で向かいあって近よった車が二台とも河に落ちたとか、運転手がいなくて走っていたバスだとか、愉快な話もあるのだが、実際は命がけである。

集落の構造

私たちは、いろいろな部族が住む領域を通り抜けた。集落の風景が変われば、ちがった部族の領域に入ったことを意味する。この地で意味あるのは国境ではなく、部族と部族のあいだの空間的なあきである。それぞれの部族の集落の風景は、相互にたいへん似ていながら微妙に変化する。このあたりの類似と差異の関係は、東欧の広場をとりまく建物のファサード(正面)群の関係とたいへんよく似ている。東欧の広場を囲む家並みも似ているけれども異なっているファサードのつながりなのだ。

私たちがサバンナを主として、その領域を通り抜けた部族は、トアレグ、ハウサ、ジェルマ、グルマンシェ、モシ、グルンシ、ダゴンバ、ロビ、セヌホ、マリンケ、グルなどである。彼らは、住居としてコンパウンドを組み、要素のひとつとして円形プランの棟や穀倉をつかうというだけでも、すでに共通した特徴をもつ。しかし、共通した特徴をもつという以上に、その集落群のあいだには緊密な関係、いってみればそれら集落総体に構造的なものが見えてくるようになった。

もちろん、集落は、それぞれにちがった風景をつくり、住居をもっている。相互の差異の記述には、ことかかないのである。たとえば、ニジェールの南部に見たハウサ族のトシビクという村は、まず正方形プランのひと部屋だけの棟によって特徴づけられる。たいていの場合、この正方形プランの棟は、二つならべて建ててある。ファサードは対称形で、屋根の縁に角状の突起があり、外から見ると屋根はヴォールトである。この外観からは室内のようすは推測もできない。一歩部屋に入るとあまりの異様さにがくぜんとなる。ほうろうの器が、極彩色の花模様をみせて吸盤のように壁面狭しとはりつけてあるのだ。壁面の下にも、やはり器がつみ重ねてあって、まるで器の展示室のようなのだが、それらがみな同型であるから不気味である。もっと奇妙なのは、広いとはいえない部屋の中央に太い角の棟柱があって、から傘のような高い天井が見えることだ。屋根はみせかけのヴォールトである。

技術的には、木の枝をつかってヴォールトを架けた方がはるかに容易である。彼らは、それは承知のうえでスタイルとして、この工法をとっているのだ。この村は、家の敷地のなかには穀倉を置かない。共同の場所がある。そこに大小さまざまな円形の穀倉が立ちならぶ。まるで太古のコンビナートのようだ。

あるいは、また、コートジヴォアールの北東に住むロビ族の離散的な集落は、たいへん興味深い。ここには、コンパウンドを構成する要素として、長方形プランの棟と円形プランの棟とがある。ところが、他の大部分の部族がコンパウンドを構成するにあたって、一様な要素の構成法を採るのにたいし、この少数部族の村には、円形要素だけのコンパウンドもあれば、長方形要素を複合させただけのコンパウンドもある。ユニークな長方形の複合法をみると、おそらく、これが本来のロビ族の手法であろう。

このコンパウンドは、グルンシ族の円形プランの複合住居に劣らず独特である。大きな住居に出入口はひとつで、砦のようにめぐる壁には窓ひとつない。建物の中に入っても、最初は真の闇である。身体の横をこうもりが飛んでいる。太鼓や鉄砲が置いてある細長い玄関を通りぬけると、屋根からほのかに光が落ちる石うすがある通路に出る。そこにすだれがかかった女性の部屋がいくつか並んでいる。

部屋は、静寂で、壁は冷たい光を放っている。正面に祭壇に似た炉があり、側には、大きさはちがうが同じ形をした黒い器が、六列ほど積み重ねられて並んでいる。巧妙な屋根からの採光が、ふつうの生活のための部屋を、冷えた聖なる空間に仕立てている。こうした部屋の奥に、また同様に格律と儀式を思わせる部屋が続いている。このコンパウンドの部屋数は、十五ほどである。複雑さは、迷路というより、類似した部屋が意外なところにあらわれるその展開にある。この空間は、俗にアフリカ的といわれる感覚とは対極に位置し、むしろ日本的といわれる静けさの空間に近い。

建築的なまり

サバンナの集落のコンパウンドを構成するヴォキャブラリイの数は、意外に少なくて、寝室となる円型プランの棟、方形プランの棟、厨房、あずまや、石うす小屋、門(屋)、いくつかの家畜小屋、トイレあるいは水浴び場、穀倉が建物としての語であり、あとは塀と屋外の仕切り壁、料理のためのかまどや、水をにたてるかまど、乾燥場といった装置類になり、さらにベッド、つぼ類、食器などの道具のレベルになる。

これら分解された諸要素がすべて記載された〈一覧表〉を、サバンナの集落は共有していると思われる。円形プランの住棟、方形の住棟、門(棟)、トイレ、水浴び場、家畜小屋、このあたりの特色ある風景の原因となっている穀倉、あずまや、かまどの囲い、土塀、フェンス等々が、この〈一覧表〉に載っている。この図表から部族ごとに適当な要素をひきだしてコンパウンドをつくる。

イランのオアシス集落群とちがって、〈一覧表〉にのっている建築的なことばを、おのおの部族が、ときには集落が、勝手に方言化してしまう。オアシス集落では、〈一覧表〉には、標準化された建築そのものが、あるいは様式が記載されていた。サバンナ集落の場合は、〈一覧表〉には、標準型らしきものの絵姿はえがけるのであるが、見わたすかぎりどれが標準型であるかは判別できない。

方言化した建築

あたりに見出されるのは、方言化した建築だけである。穀倉についてみれば、部族によって、巨大なつぼのようにつくってみたり、角ばってつくったり、二階建てにしたり、わにの模様をつけてみたり、わら帽子をかぶせたりする。円形プランの住棟にしても、屋根の形を変えたり、土壁の高さをかえたり、まわりに支柱をたてたり、入口に飾りをつけたり、円を複合して家のなかの家をつくると思えば、多数の円を連結してより複雑な空間をつくる。こうして、まず抽出されたことばの組みと、それらのなまり、方言によって、微妙に変化する風景がつくられる。私には、集落がつくられた結果として各部族が共有する〈一覧表〉ができたのではなく、むしろ数々の集落ができるに先立って、〈一覧表〉があったのではないかとさえ思えてくる。

イランのオアシス集落の組みたてを、はっきり理解したのは、サバンナを旅してからである。私は、オアシス集落群の構成要素の分析表を書きながら、表の意味を十分に理解できていなか

図 27　穀倉の〈一覧表〉

った。〈一覧表〉を共有するとは考えなかったからである。共有することをサバンナの集落が示唆しているのは、なによりもそれが分解された集落であったからである。この分解された状態から、集落の類似と相違の原因がよみとれる。他の集落と比較すれば、オアシス集落もまた分解度が高いから、説明できもするのである。いいかえれば、集落が生体的な性格でなく、組み合せ的、ゲーム的性格をもっていたからである。強い土着の有機体的香りを発散しながら、その組みたてからすると、かわいていて、結晶体のようであり、数学的である。いろいろな部分が、自立して意味をもっている状態が、わかりやすく説明されている。もちろん、見かけ上の全体も、そうした意味ある部分のひとつであり、その圧倒的な景観はしばしば私たちを感動させたのである。

〈一覧表〉と〈配列表〉

意味ある部分は、〈一覧表〉に記載されたひとつの要素からなる場合もあるし、それらが組み合されてできる場合もある。サバンナの集落から読みとれたのは、コンパウンド内部の領域区分をしている要素の配列規則であった。たとえば、集落ごとに、ひとりの女性を中心にした領域、女性があつまってひとりの男性に対応する領域、さらにこれらが家長のもとにまとめられてできるコンパウンド、さらにはコンパウンドがあつまってできる領域といった領域形成法が、構成要素を素材として決められている。

こうして領域規定をしながらできる総体的配列の部分が、私たちが関心をはらう意味ある部分である。おのおの集落では、これら諸領域を建築的なことばをつかいながら、ときに領域の組みたてを明快に表現し、またときにあいまいに表現する。領域規定にさいしては、空間がもともともっているふたつの性格、つまり容器としての性格と、場としての性格をたよりにする。領域を境界づける、領域を分節することによって容器性が示され、ものを配置してその周辺、そのあたりをあいまいに領域づけることによって場としての性格が示される。サバンナの集落は、要素の〈一覧表〉とともに、特にコンパウンド内部とコンパウンドの集合の領域形成のための要素の〈配列表〉を共有している。この〈配列表〉に載っている配列規則は、要素のあいだの近さを規定して、意味ある部分とさらにそれらの関係を示し、コンパウンドとその集まりである集落に構造をあたえているのである。

〈一覧表〉と〈配列表〉は、集落形成の基礎となるが、それだけで集落ができるわけではない。ものを具体的に表現するためには、形をあたえ方言化しなくてはならないし、それらを実際に配列するためには自然条件、生産、防衛等々を配慮しつつ空間的な仕掛けを考案しなくてはならない。想像力なしには、集落は実現してこないのである。この想像力が、ときに集落をかぎりなく美しく仕立てるのだ。人工オアシス集落やサバンナの集落が、どれをとっても美しいのは、その地域、その場所に住んだ人々が、予定調和を信じず、微細なことにも想像力をはたらかせてきたからであろう。

4　豊かな〈世界風景〉に向けて

〈世界風景〉の演出者

サバンナの集落を歩きながら、世界のすべての集落が共有している〈一覧表〉と〈配列表〉があるのではないかと思った。おのおのの集落は、この共通の図表から、思い思いに適当な要素の組み合せと配列規則を抽出し、これらを素材として、工夫と考案を重ね、具体的な集落を計画したのではあるまいか。遠く離れ、たがいに見知らぬふたつのグループは、たまたま同じ要素の組み合せや、同じ配列規則を選んだがために、そしてまた彼らが対した局所的な自然が、たまたま同じような工夫や考案を誘導する条件をそなえていたために、物象化された集落は極似したのではないだろうか。それが、〈飛び火現象〉であったのではないか。また、大局的には同じような自然条件にみえている場所であっても、選択された建築的なことばのあつまりのちがいや、配列規則のわずかなずれによって、異種の集落が誘導され、それが文化的な混成状態をつくりだしているのではないだろうか。

そして、この〈一覧表〉と〈配列表〉こそ、多様にして、しかも差異と同一の関係のネットワークで結ばれた集落が立ちならぶ〈世界風景〉を演出している。いいかえれば、限られた場所、地域にありながら、人々はたがいにそれとも知らずに問題を共有し、その問題はあちこちで独自に解決され、ただしその結果は方言化され、独特な仕掛けとして解答されたのであり、それが集落がならぶ風景である。そうした意味で、人々はふたつの表を共有することによって、住むための文化を共有しており、これが「インターナショナル」とよばれる関係性の基礎となっているのだろう。

もちろん、あらかじめ〈一覧表〉や〈配列表〉があるはずはない。人々は実に長い時間をかけて、空白な紙に、自分たちが実現した計画を登録していった結果、こうした表ができてきたのであり、もしこの表を実際に書こうとしても、部分的にはうまく書けても、総体としてはモデルとしてしか表現できない一種の無限の変化を誘導し流出する機械である。私たちにとっては、そのような〈一覧表〉と〈配列表〉が、あたかもはじめからあったようにみえる現実の方が重要である。なぜなら、ユニバーサリズムとしての均質空間もまた、近代が採用したひとつの無限流出機械であるからだ。しかし、均質空間といえども、住むためには、ものとその配列法が必要であり、つまり〈一覧表〉と〈配列表〉を使わざるをえないのである。

自立する空間

グロピウスが残した「インターナショナル」ということばは、彼がのりこえてゆこうとした対象をあらたに編成しなおした〈世界風景〉のなかに判読される。この風景はまた、ゾーニングに準拠した風土論のそれからも離れている。それは、観察点を低め、現象を一様な状態としてではなく混成状態でとらえ、とくに全体にたいする考え方を変えた結果である。

もし、今日、場所あるいは地域という概念をもって、住むための文化にあたろうとするなら、第一に、〈一覧表〉と〈配列表〉で確認された通りの他地域との課題の共有性、つまり文化の共有関係を認識しなくてはならない。そこから固有な文化という錯覚の排除をはじめ、さまざまな見解や表現活動のレベルの態度が誘導されるだろう。他の地域で考案された仕掛けの採用、置き換えなどが可能になるのも、この認識があるからである。

第二に、地域、場所を生体的秩序としてとらえる全体観をすて、意味ある部分の自立性を認めてゆく態度が要請される。これは〈混成系〉の美学をみちびく。と同時に、〈配列表〉がものの近さを規定しながら、人間の近さに言及していることを考えれば、人間関係についてもあてはまるであろう。

第三に、局所的な自然に対応する仕掛けの考案は、つねに要請されてきたし、この事情は今でも変わらないことである。

地域、場所に立脚点をすえるのは、地縁的な社会への復古や、古い美学への回帰を意味するものではない。それは、文化の共有関係や古い全体観の廃棄によっても、説明されている。それは、より豊富な部分からなる〈全体〉へ向かうための、地域的、場所的部分を表現してゆこうとする方法であるといってもよいかもしれない。しかし、復古と一線を画するためには、さらにひとつの方向性をはっきりしておいた方がよいかもしれない。

集落が共有する〈配列表〉の内容であるが、かつて集落がさまざまな支配や抑圧によって、あるいは稀薄な自然力に対応せざるをえなかったために、〈配列表〉には、ものの多様な展開と自由な人間関係を保障する配列規則が書かれていたとは限らなかった。そこには、強い中心性をもつ集落や、強い管理下の地割型集落や、逆に住居の自立性を認めるメディナ型の都市や、私たちが多分に理想化して見てはいるが自由な近隣形成を許容するインディオの集落などの配列規則が記入されていたのである。そして、こうしたさまざまな社会があることを、ともすれば多様性が展開されていると誤読しがちであるし、「美しい!」といってしまいがちである。未来に向けた〈配列表〉には、ひとつの配列規則だけ書かれてあればよい。それは、もっとも豊富なる部分をもつ〈全体〉、ちょうどファシズムの逆の極にあるあらゆる部分が意味をもち自立する空間の配列規則である。

地域、場所に立脚することとは、ユニバーサリズムを排して、この空間に向かう方策なのだ。そこには、人々が自然に対し、局所的にさまざまな仕掛けを考案して、はじめてこの配列規則が具体化するという予想がある。この方向にすすむためには、地域、場所の構造の変革もよしとする態度が欠かせない。そのとき〈世界風景〉は、集落が立ちならぶ風景よりはるかに多様で豊富な内容になっていると思われる。この〈世界風景〉は、ウパニシャッドやネオプラトニズムが、ニコラス・クザヌスやジョルダーノ・ブルーノが、そしてサンディカリストやアナーキストたちが、芸術の領域では古く連歌師たちが、そしてシュールレアリストたちが構想し、私たちがかいま見たユートピアなのだ。

あとがき

一九七〇年代は、近代建築が大きな変貌をとげた時代である。この変動の十年間に、私たちは海外の集落調査を行なっていた。この変動期のさなかにあって、建築家はふたつのレファレンスをとった。ひとつが古典建築であり、もうひとつが集落である。私たちは、結果としてみると、後者を参照することになったのである。

旅で調べた集落の内容については、これまでにもいろいろなかたちで報告してきてはいるが、本書で探索したことばや考え方をふまえ、すじみちをたてなおして、将来「集落論」を書かなくてはならないと思う。そうでないと、本書のもつ意味もいまひとつ鮮明にならないだろう。また一方では、集落から学んだ多くの建築的内容が、〈一枚のスケッチ〉を書くのは無理としても、具体的な町づくりや建築の設計に活かされないと、本書は空転するおそれがある。これからの課題であると言わざるをえないが、この十数年間、多少は心がけてきたつもりではある。

旅は、愉快な冒険である。たいていは案内もなく集落へ入り調べさせてもらうのだから、演劇的なふるまいを要する。肩の力を抜いて、ふらりと人々の間に入ってゆけるようになると一人前である。言葉が欠けた場面では、緊張と悪意とはほぼ同意なのである。わけがわからないうちに、歓迎の儀式に立たされると大変だ。だいたい相手のまねをすればよいのだが、仲間たちが噛み殺している笑いが感染してくる。ここで笑ったら殺されるかもしれないと考えたりすると、ますます笑いたくなるものなのだ。

圧倒的な自然。旅は、広大な舞台の上で、軍隊や警察から、盲進してくる自動車の群れから、言葉や仕事から、終始逃げまわっている感じ。この逃亡者風スタイルが、愉快なのだ。にもかかわらず、この紀行文は重苦しい。旅が終れば、逃げてばかりはいられないからだろうか。

幸いにも、五回の調査の旅は無事故で終った。トラブルもなかった。あたりまえではあるが、私たちが誇りにしていることである。純粋に調査のために走った自動車の距離の合計は、およそ六万五千キロメートルにすぎないが、実際にはもっと長い距離を走っており、さまざまな難かしい局面を切り抜けてきてはいる。

旅のチームは、大学院生、研究室を出た若い建築家たち、設計の仲間たちで編成された。人数を書きならべてみると、地中海周辺(一九七二年)十四人、中南米(七四年)九人、東欧・中東(七五年)八人、イラク・インド・ネパール(七七年)十三人、西アフリカ(七八/七九年)六人である。すべての旅に参加したのは、私と、いまは東京大学生産技術研究所の助教授となっている藤井明氏の二人である。調査の中心メンバーは、建築家の上原惇彦氏、山本理顕氏、入之内瑛氏、現在昭和女子大学教授である佐藤潔人氏及び芦川智氏らであった。

いずれの調査についても言えるのであろうが、準備・調査・資料整理・記録の出版にわたってかなりのエネルギーを必要とした。特に調査ごとに資料整理をした大学院生たちが、たいへんな努力をしてくれた。したがって、〈集落への旅〉は、もともと参加者全員が共有する物語と考察であって、たまたま私がその一端を披露したにすぎない。

ここにあつめた五篇の紀行文のうち、第V章の西アフリカ紀行を除く四篇は、いまは惜しくも姿を消してしまった『展望』(筑摩書房)に掲載された。すなわち、「集落への旅」(七四年五月号)、「翳りのなかの集落」(七四年八月号)、「周縁がみえる集落」(七七年三月号)、「形象をこばむ集落」(七八年四月号)に多少手を加えたものである。西アフリカ紀行は、『世界』(七九年十一月号、岩波書店)に載った「集落のある《世界風景》」と、当時書かれてはいたが未発表のままだった紀行文との合成である。

出版にあたって、多くの人々に感謝しなくてはならない。

まず、ともに旅をした人々。それから、この調査旅行を経済的な面で、適切な助言、予備知識、あるいはさまざまな便宜を与えて下さった人々。その他諸々のかたちで私たちを支援して下さった人々。旅先で世話をして下さり、案内をして下さった方々。親切だった集落の人々そして子供たち。そうした意味では、集落への旅は、実に多くの方々の協同作業のうえに成立していることをあらためて痛感する。

『展望』誌では、当時編集長だった勝股光政氏にたいへんお世話いただいた。彼の好意的な判断とアドヴァイスなしには、〈集落への旅〉の文章は書けなかった。

本書の図のうち、図14、15、23、26(上部)は、『住宅建築』(七八年一月号〜八〇年十二月号、建築思潮研究所編集)に私たちが共同して執筆した〈居住文化論〉のために、画家のグループでもある、ゆりあぺむぺるの人々が作画したものをそのまま掲載させてもらっている。また、中南米の旅には、写真家の鈴木悠氏も参加したので、一部に彼の写真を使わせてもらっている。他の図あるいは写真は、研究室のメンバーが画いたり撮影したものである。

本書をまとめるにあたっては、旅の経路図を研究室の林信昭氏に画いてもらっている。最後になったが、直接編集していただいた岩波書店の林建朗氏にはたいへんお世話になった。

これらの方々に心からお礼を申しあげたい。

一九八七年四月

原　広司

原 広司

1936年川崎市に生まれる
1959年東京大学工学部建築学科卒業
専攻－建築学
現在－東京大学名誉教授，工学博士
著書－『空間〈機能から様相へ〉』(岩波現代文庫)
『建築に何が可能か』(学芸書林)

集落への旅　岩波新書(黄版)374

1987年5月20日　第1刷発行
2024年11月20日　第4刷発行

著者　原《はら》 広司《ひろし》

発行者　坂本政謙

発行所　株式会社 岩波書店
〒101-8002 東京都千代田区一ツ橋2-5-5
案内 03-5210-4000　営業部 03-5210-4111
https://www.iwanami.co.jp/

新書編集部 03-5210-4054
https://www.iwanami.co.jp/sin/

印刷製本・法令印刷　カバー・半七印刷

ISBN 978-4-00-420374-2　Printed in Japan

岩波新書新赤版一〇〇〇点に際して

ひとつの時代が終わったと言われて久しい。だが、その先にいかなる時代を展望するのか、私たちはその輪郭すら描きえていない。二〇世紀から持ち越した課題の多くは、未だ解決の緒を見つけることのできないままであり、二一世紀が新たに招きよせた問題も少なくない。グローバル資本主義の浸透、憎悪の連鎖、暴力の応酬――世界は混沌として深い不安の只中にある。

現代社会においては変化が常態となり、速さと新しさに絶対的な価値が与えられた。消費社会の深化と情報技術の革命は、種々の境界を無くし、人々の生活やコミュニケーションの様式を根底から変容させてきた。ライフスタイルは多様化し、一面では個人の生き方をそれぞれが選びとる時代が始まっている。同時に、新たな格差が生まれ、様々な次元での亀裂や分断が深まっている。社会や歴史に対する意識が揺らぎ、普遍的な理念に対する根本的な懐疑や、現実を変えることへの無力感がひそかに根を張りつつある。そして生きることに誰もが困難を覚える時代が到来している。

しかし、日常生活のそれぞれの場で、自由と民主主義を獲得し実践することを通じて、私たち自身がそうした閉塞を乗り超え、希望の時代の幕開けを告げてゆくことは不可能ではあるまい。そのために、いま求められていること――それは、個と個の間で開かれた対話を積み重ねながら、人間らしく生きることの条件について一人ひとりが粘り強く思考することではないか。その営みの糧となるものが、教養に外ならないと私たちは考える。歴史とは何か、よく生きるとはいかなることか、世界そして人間はどこへ向かうべきなのか――こうした根源的な問いとの格闘が、文化と知の厚みを作り出し、個人と社会を支える基盤としての教養となった。まさにそのような教養への道案内こそ、岩波新書が創刊以来、追求してきたことである。

岩波新書は、日中戦争下の一九三八年一一月に赤版として創刊された。創刊の辞は、道義の精神に則らない日本の行動を憂慮し、批判的精神と良心的行動の欠如を戒めつつ、現代人の現代的教養を刊行の目的とする、と謳っている。以後、青版、黄版、新赤版と装いを改めながら、合計二五〇〇点余りを世に問うてきた。そして、いままた新赤版が一〇〇〇点を迎えたのを機に、人間の理性と良心への信頼を再確認し、それに裏打ちされた文化を培っていく決意を込めて、新しい装丁のもとに再出発したいと思う。一冊一冊から吹き出す新風が一人でも多くの読者の許に届くこと、そして希望ある時代への想像力を豊かにかき立てることを切に願う。

（二〇〇六年四月）